Les Trois Cuisines de France

Les Salades

GAULT MILLAU
Deux Coqs d'Or

Préface

Le saladier du bonheur

Un journaliste américain m'a demandé un jour quel était mon plat préféré je lui ai répondu « une bonne salade », et, franchement, je ne suis pas certair qu'il ait compris le sens de ma réponse.

On a édifié autour du mot magique « gastronomie » une telle barrière de préjugés que l'on oublie complètement ce que bien manger veut dire. On confond volontiers talent et complication, comme si le talent ne pouvait s'exprimer et s'épanouir que dans la sophistication. C'est absurde ! Les choses les plus simples demandent la même dose d'attention, de connaissance et d'amour que les plus élaborées. Considérés sous l'angle du plaisir et du talent, il n'y a aucune différence entre une purée de pommes de terre ou une salade et un plat du répertoire de la grande cuisine savante.

La plus modeste salade, si elle est tournée et assaisonnée à la perfection, peut mériter le titre de chef-d'œuvre. Et je connais beaucoup de grands chefs qui s'en délectent. Surtout quand elle a été préparée par une femme, car je sais, par expérience, que les femmes sont, dans ce domaine, généralement plus douées qu'eux.

A quelques exceptions près : je me souviens, en effet, d'une salade faite à la minute chez Alain Senderens, dans sa cuisine, qui était un sommet de simplicité raffinée. Michel Guérard, lui non plus, n'est pas maladroit, ni tous ceux dont les recettes font de ce livre un vrai saladier du bonheur.

CHRISTIAN MILLAU

Julienne multicolore au blanc de poulet, p. 73.

Les
Trois Cuisines
de France

Collection dirigée
par Claude Lebey

Le présent volume,
Les Salades,
a été réalisé avec la collaboration
d'Anne-Françoise Boulland.

Les recettes de cet ouvrage
sont pour la plupart dues aux grands noms
de la cuisine française :
chefs célèbres ou auteurs réputés.
En voici la liste,
précédée de leurs initiales, qui figurent
à la fin de chaque recette signée :

J.B. : Jean Bardet
G.B. : Georges Blanc
A.C. : Alain Chapel
P.D. : Patrice Dard
J.D./C.V. : Jacques Le Divellec et Céline Vence
P.G. : Pierre Gagnaire
F.G. : Fredy Girardet et Catherine Michel
M.G. : Michel Guérard
M.J. : Martine Jolly
M. et J-M.L. : Michel et Jean-Michel Lorain
J.M. : Jacques Maximin
M.M. : Marc Meneau
R.M. : Rose Montigny
J.R. : Joël Robuchon
A.S. : Alain Senderens
E.S. : Eventhia Senderens
J. et P.T. : Jean et Pierre Troisgros
P. et M.T. : Pierre et Michel Troisgros
R.V. : Roger Vergé
P.W. : Pierre Wynants
R.G./M.J. : Martine Jolly (Relais Gourmands)
C.T./C.V. : Céline Vence
(Les Maîtres cuisiniers de France)
J.-M.A. : Jean-Marie Amat
(Le Grand Livre de la truffe)
J.P./M.T. : Jacques Pic/Michel Trama
(Menus de fête des grands chefs)

Source détaillée des textes
et crédit des illustrations en fin de volume

Avant-Propos

Le mot « salade » est avant tout synonyme de verdure et de fraîcheur. Appartenant au groupe des aliments sains et digestes qu'il est indispensable de consommer chaque jour, il représente aussi une habitude de la table familiale. Cela pour la salade dite « verte », jugée si banale par d'aucuns qu'ils l'enferment, un peu vite, dans la catégorie « feuilles vertes à l'huile ». Ceux-là trouveront dans ce livre de quoi les faire changer d'avis, en découvrant, d'une part, de nombreuses variétés de salades et leurs goûts spécifiques, d'autre part, des assaisonnements qui permettront de renouveler la traditionnelle vinaigrette.

Quant à l'appellation « salade composée », elle recouvre aussi bien ces plats où se conjugent imagination et fonds de placards que ces variations délicates et raffinées servant de prélude à un dîner de fête.

Celles-là sont nourrissantes et économiques, celles-ci légères et parfois onéreuses. Ce qu'elles ont en commun : des mélanges de goûts, de couleurs et de parfums aussi agréables au palais qu'à l'œil. On s'amuse à les faire, on se plaît à les regarder... et on se régale à les déguster !

Dernier avatar : la salade de fruits. Qui connaît elle aussi ses variations rustiques ou distinguées, improvisées ou précieuses.

Voilà toutes les richesses que vous offrent les recettes de ce livre où, vous l'aurez compris, la créativité – celle des grands chefs mais aussi la vôtre – tient une large place.

CLAUDE LEBEY

QUELQUES INFORMATIONS PRATIQUES

Afin de faciliter la lecture de nos recettes, nous avons, en tête de chacune, indiqué le temps de préparation et de cuisson ainsi que le temps d'attente nécessaire pour certaines.

De plus, des symboles faciles indiquent le type de cuisine, son prix, sa difficulté et le vin ou les vins qui nous semblent convenables pour accompagner ce plat.

Les Trois Cuisines de France

Régionale *Bourgeoise* *Moderne*

facile *minutieux* *très minutieux* *bon marché* *coûteux* *très coûteux*

Recette vite faite

Recette demandant un peu de temps

Recette assez longue à préparer ou à commencer à l'avance

Vins et boissons : *Vin rouge ou rosé* *Vin blanc* *Champagne ou vin pétillant* *Bière* *Eau ou divers*

Quel vin choisir pour accompagner les salades? Question délicate si l'on sait que vin et vinaigre font plutôt mauvais ménage... C'est pourquoi l'eau est si souvent recommandée en appoint des salades de légumes. Lorsque des poissons, des viandes ou des fromages composent l'ingrédient principal, on pourra alors choisir un vin qui s'accorde avec cette saveur dominante.

Tableau d'équivalence des poids et mesures

Beurre	1 noisette : 4 g
	1 noix : 15 g
	1 grosse noix : 25 g
	1 œuf : 40 g
	1 gros œuf : 70 g
Crème fraîche	3 cuillères à soupe : 1 pot de 10 cl
Contenance	1 verre ordinaire à moutarde : 12 cl
	7 cuillères à soupe : 1 verre ordinaire
	1 tasse à thé : 125 g

	CUILLÈRE À CAFÉ		CUILLÈRE À SOUPE	
	rase	débordante	rase	débordante
Farine	3 g	6 g	10 g	20 g
Fécule	3 g	6 g	10 g	20 g
Sel	3 g	6 g		
Sucre semoule	4 g	8 g	12 g	22 g
Sucre en morceaux	1 sucre N° 4 : 5 g			

Sommaire

En tête de chaque chapitre, sommaire détaillé des recettes

1
2
3
4
5
6
7
8

Salades à base de légumes

Huit variétés de laitues et de chicorées parmi les plus appréciées. 1. Petite chicorée verte, charnue, légèrement amère. 2. Mâche doucette. 3. Trévise. 4. Jeunes plants de romaine. 5. Endives. 6. Mesclun. 7. Chicorée rouge à feuilles longues. 8. Roquette, piquante et très amère, surtout cultivée dans le Midi.

Les différentes salades

Salades d'hiver

✻ *La scarole,* un peu dure et amère, n'est pas très avantageuse, car ne sont vraiment tendres que les feuilles du cœur, dont il faut, de plus, enlever les côtés. On peut garder les grandes feuilles vertes pour les cuire et les accommoder comme des épinards embranchés.

✻ *La chicorée frisée,* dont il faut employer les parties frisées blanches en supprimant les côtes. C'est une délicieuse salade qui peut être rustique ou raffinée selon les assaisonnements.

✻ *La cornette,* délicieuse salade un peu croquante, légèrement amère. Pour qu'elle soit meilleure, supprimer les côtes.

✻ *La mâche,* ses petits bouquets de feuilles vert foncé sont jolis et bons. Ils sont seulement longs à éplucher et minutieux à laver. Pour enlever tout le sable, laisser tremper dans une grande bassine d'eau, le sable tombe au fond et on recueille les feuilles avec les mains en restant en surface. Il est recommandé de recommencer l'opération plusieurs fois de suite.

✻ *Les endives,* cuites, sont un excellent légume. Crues, elles font de bonnes salades. Il faut les choisir bien blanches, serrées, aux feuilles extérieures non tachées. Couper le trognon dur, les trancher ensuite en quatre dans le sens de la longueur, puis en deux ou trois, suivant leur taille, dans le sens de la largeur. L'endive est surtout bonne en mélange.

✻ *La trévise* nous vient du Midi ou d'Italie. Elle se présente sous la forme de petits bouquets de feuilles d'un beau pourpre foncé. Croquante, ravissante, mais amère, elle ne s'emploie qu'en petites quantités en mélange avec toutes les autres salades vertes, dont elle rehausse le goût et la couleur.

✻ *Le pissenlit* ne se trouve pas couramment chez les marchands des villes. Le meilleur pissenlit reste le sauvage, celui que l'on ramasse en février-mars, avant la floraison. L'ancienne « dent de lion » des canuts lyonnais survit à trois saisons (l'automne, l'hiver et le printemps). Il faut le choisir jeune, blanc et tendre, bien l'éplucher et le parer, le laver minutieusement. On le mange avec des lardons.

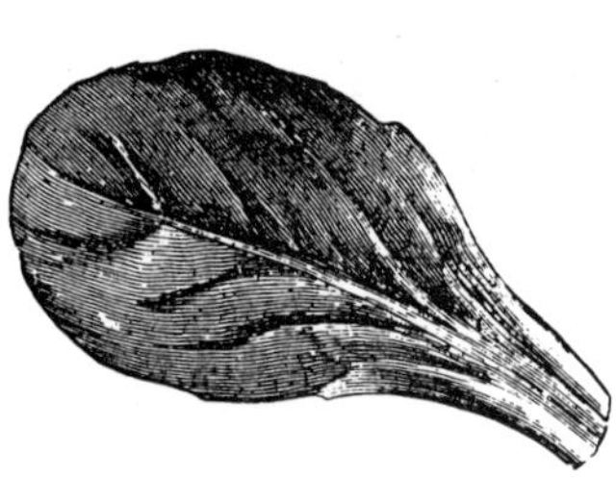

Salades d'été

✽ *La batavia,* à la fois tendre et croquante, est la salade que l'on mange avec plaisir au début du printemps. Assez fragile, il faut la mélanger délicatement et au dernier moment avec l'assaisonnement.

✽ *La chicorée frisée* existe aussi en été, mais elle est très verte, avec un petit cœur blanc, ce qui la rend moins avantageuse. Elle se prête aux mêmes accommodements que la chicorée d'hiver.

✽ *La romaine* est croquante, fragile, cassante et exquise. Si on craint la dureté des côtes, couper les feuilles en deux dans le sens de la longueur.

Salades de toute l'année

✽ *Le mesclun :* ce n'est pas une salade, mais un mélange de plusieurs salades. Il est originaire du Midi. Pour être bon, il doit être bien frais et constitué d'un mélange harmonieux de salades des champs et de salades cultivées, ce qui ne le rend pas toujours parfait en ville. Pour le mesclun, un simple assaisonnement de vinaigrette à l'huile d'olive suffit.

✽ *Le cresson* est particulier et un peu piquant, il est peu avantageux, car seules les feuilles sont employées, il est long à éplucher et à laver. Pour toutes ces raisons, il est préférable de l'employer en petites quantités, mélangé à d'autres salades.

✽ *La laitue :* on en trouve toute l'année, mais elle est meilleure au début du printemps. C'est la salade la plus connue, la plus employée, elle est cependant assez fade et il vaut mieux l'intégrer aux salades composées, où elle est une base fraîche et décorative. C'est une salade fragile à grandes feuilles. Pour la manger commodément, il faut briser les feuilles en deux ou trois morceaux. Pour l'avoir fraîche et croquante, il faut l'assaisonner au dernier moment et la mélanger délicatement.

Les salades à base de légumes

Fraîches et de saison, elles se servent soit en entrée, soit entre le plat principal et le fromage.
En entrée, on les prépare en général dans de jolies coupes individuelles ou sur des assiettes. En « salades » traditionnelles, elles apparaîtront sur la table dans un grand saladier et ne seront remuées qu'au dernier moment. Dans le premier cas, elles permettent de débuter le repas de façon légère et agréable, sans se couper l'appétit pour apprécier la suite. Dans le second cas, elles constituent une pause souvent bienvenue avant d'attaquer le dessert.

Temps de préparation : 25 à 30 mn

Eau

Batavia, tomates et pignons

Proportions
(pour 4 personnes)
1 batavia
2 tomates moyennes
1/2 tasse à thé de pignons
12 petits radis roses
vinaigrette classique
(Recettes de base, *p. 92*)

1. Préparer la batavia de manière à avoir les feuilles tendres du cœur brisées en quatre ou cinq morceaux chacune.
2. Préparer des tomates concassées (*voir « Cressonnière au saumon », § 3,* p. 43).
3. Laver, équeuter les radis, les couper en fines rondelles. Mélanger le tout. Ajouter les pignons.
4. Faire la vinaigrette, en assaisonner la salade, répartir celle-ci sur des assiettes individuelles et servir avec le plat principal.

M.J.

Temps de préparation : 15 mn
Temps de cuisson : 8 mn

Eau

Chicorée frisée sauce aux œufs

Proportions
(pour 4 personnes)
1 chicorée frisée
50 g d'olives noires

Sauce
2 œufs
le jus d'un citron
100 g de crème fraîche
1 cuillère à café d'estragon haché
sel, poivre

1. Faire durcir les œufs à l'eau bouillante 8 minutes.
2. Effeuiller la chicorée en ôtant les feuilles abîmées ; la laver soigneusement, l'essorer. Couper les feuilles en deux et les mettre dans un saladier.
3. Écaler les œufs, ôter les jaunes et couper les blancs en lamelles.
4. Écraser les jaunes avec le jus du citron. Ajouter la crème fraîche à l'estragon, saler et poivrer. Bien mélanger.
5. Verser l'assaisonnement sur la chicorée. Mélanger délicatement. Décorer avec les blancs d'œufs et les olives noires.

Chicorée rouge à l'avocat, p. 16.

HEINZ
PIMENTO
SAUCE
260g

Temps
de préparation :
15 mn

Eau

Chicorée rouge à l'avocat

Proportions
(pour 4 personnes)

2 avocats
200 g de chicorée frisée rouge
1 boîte de cœurs de palmier
1 pamplemousse rose
1 citron
40 tomates cerises
vinaigrette au vinaigre de Xérès
sel, poivre

voir photo p. 15

1. Éplucher les avocats, les couper en deux, retirer le noyau, les couper en tranches.
2. Laver et éplucher la salade, l'essorer soigneusement.
3. Égoutter les cœurs de palmier, les couper en rondelles.
4. Dans un grand plat creux, disposer un lit de chicorée et mettre dessus tranches d'avocats et rondelles de palmier.
5. Peler le pamplemousse et le citron à vif. Découper le pamplemousse en demi-rondelles, les mettre avec les autres ingrédients. Tailler le citron en rondelles très fines, les mettre sur le tour du plat. Sur chaque rondelle de citron, poser une tomate cerise.
6. Faire la vinaigrette, assaisonner la salade.

Temps
de préparation :
10 à 12 mn
Temps de cuisson :
10 mn

Eau

Chou-fleur à l'estragon

Proportions
(pour 4 personnes)

1 petit chou-fleur
1/2 tasse à thé d'estragon haché
3/4 de tasse à thé de vinaigrette à l'huile d'olive
(Recettes de base, *p. 92*)

1. Éplucher et préparer le chou-fleur de manière à avoir d'assez petits bouquets avec peu de tige. Le faire cuire à l'eau bouillante 10 minutes, l'égoutter.
2. Laver l'estragon, le sécher, l'effeuiller et le hacher finement.
3. Préparer la vinaigrette. Ajouter l'estragon. Disposer les bouquets de chou-fleur dans un plat légèrement creux. Les arroser avec la vinaigrette battue à la cuillère. Ne pas mélanger et servir.

* Le légume du dîner familial.
Accompagne bien poulet ou lapin rôtis froids. M.J.

Temps
de préparation :
15 mn
Temps de cuisson :
5 mn

Eau

Émincé de concombre à la ciboulette

Proportions
(pour 4 personnes)

2 belles pièces de concombre
150 g de beurre
1/2 botte de ciboulette ciselée finement
20 cl de crème
1 pincée de sucre
1 pincée de paprika
1 pincée de sel et poivre

1. À l'aide d'un couteau spécial, canneler un concombre sans l'éplucher, peler l'autre et le canneler également. Détailler en gros tronçons.
2. À l'aide d'une colonne ou douille à pâtisserie ronde ou, à défaut, d'une petite cuillère, enlever les pépins. Émincer les cylindres ainsi obtenus en tranches de 3 millimètres.
3. Faire blanchir rapidement les tranches de concombre à l'eau salée, puis les faire étuver au beurre frais ; ajouter du sel et une pincée de sucre. À cuisson, elles doivent être luisantes. Les disposer en écailles sur un plat.
4. Dans la casserole où elles ont cuit, mettre la crème, faire bouillir, puis laisser réduire pour lier légèrement. Goûter l'assaisonnement, passer au chinois fin. Terminer avec une noix de beurre, une prise de paprika et napper à la cuillère. Parsemer avec la ciboulette ciselée finement. G.B.

Temps
de préparation :
15 mn
+ marinade : 24 h

Eau

Fenouils en marinade

Proportions
(pour 4 personnes)

2 fenouils

Marinade

2 citrons
3 cuillères à soupe d'huile d'olive
1 cuillère à soupe de vinaigre de vin
1 cuillère à soupe
de câpres (facultatif)
3 branches d'estragon
sel, poivre

voir photo p. 19

La veille

1. Couper et jeter les extrémités des fenouils. Les laver, les couper en deux, détailler chaque moitié en lamelles, disposer celles-ci dans un plat creux.
2. Préparer la marinade : peler les citrons à vif, les couper en rondelles. Laver l'estragon, bien le sécher, l'effeuiller. Dans un saladier, verser le vinaigre, le sel, l'huile, le poivre, l'estragon et, si on le désire, les câpres. Ajouter les rondelles de citron et bien mélanger.
3. Verser les lamelles de fenouil dans le saladier, bien les imprégner de la marinade. Laisser macérer 24 heures au réfrigérateur.

Le jour même

4. Égoutter les fenouils, les servir en entrée ou en accompagnement d'un poisson grillé.

✱ On peut mariner ainsi d'autres légumes : oignons, dés de carottes, poivrons, céleri...

Temps
de préparation :
25 mn
Temps de cuisson :
10 à 15 mn

Eau

Grappe de poireaux à la vinaigrette de betterave rouge

Proportions
(pour 4 personnes)

8 à 12 poireaux selon leur grosseur
1 betterave rouge cuite
4 feuilles de céleri en branches, pour la décoration
25 cl d'huile d'arachide
moutarde
vinaigre de vin
sel et poivre du moulin

1. Choisir de beaux poireaux longs et bien droits, les laver et les ficeler pour faire une ou deux bottes. Couper les parties vertes, réserver celles-ci pour un potage.
2. Cuire les blancs de poireaux 10 à 15 minutes dans une grande casserole d'eau bouillante salée. Surveiller la cuisson. Lorsqu'ils sont cuits, mais encore légèrement fermes pour qu'ils ne s'écrasent pas lors du tronçonnage, les rafraîchir et les égoutter encore tièdes sur une grille ou un papier absorbant.
3. Pendant la cuisson des poireaux, éplucher la betterave rouge et la débiter en petits morceaux. La passer au mixeur avec une cuillère de bon vinaigre. Verser ensuite cette purée dans un chinois fin pour ne récupérer que le jus, obtenu en pressant légèrement cette purée avec une spatule.
4. Confectionner une vinaigrette avec ce jus de betterave en ajoutant la moutarde, l'huile, sel et poivre. Rectifier l'assaisonnement.
5. Avec un couteau bien aiguisé, couper les poireaux en rondelles de 2 centimètres. Les disposer dressées sur la coupe et côte à côte, en forme de grappe, sur chaque assiette individuelle.
6. Faire couler autour ou sur chaque grappe la vinaigrette d'un beau rouge vineux. Ajouter en haut de chaque grappe une ou deux feuilles de céleri légèrement huilées pour les rendre brillantes, afin de figurer une feuille de vigne.

G.B.

Temps
de préparation :
20 mn
Temps de cuisson :
8 à 12 mn

Eau

Haricots verts, tomates et champignons

Proportions
(pour 4 personnes)

250 g de haricots verts
200 g de champignons
3 tomates olivettes
1 citron
vinaigrette aux fines herbes
(Recettes de base, *p. 92*)

1. Éplucher, cuire et rafraîchir les haricots verts.
2. Éplucher, laver, couper les champignons en fines lamelles, les arroser de jus de citron.
3. Laver les tomates. Les couper en rondelles d'un demi-centimètre.
4. Mélanger les trois légumes. Les assaisonner avec la vinaigrette et les répartir sur des assiettes individuelles.

M.J.

Temps
de préparation :
10 mn
Temps de cuisson :
20 mn

Eau

Jardinière de légumes au curry

Proportions
(pour 4 personnes)

2 carottes moyennes
1 petite boîte de petits pois extra-fins
1 petite boîte de haricots verts
1 petite boîte de pointes d'asperges
24 petits champignons de Paris
50 g de petits oignons au vinaigre
1 tomate
6 brins de persil plat

Sauce
1 bol de mayonnaise
(Recettes de base, *p. 93*)
1/2 cuillère à café de curry

1. Gratter et laver les carottes, les faire cuire 20 minutes à l'eau salée, les égoutter, les laisser refroidir.
2. Égoutter les petits pois, les haricots verts et les pointes d'asperges.
3. Laver et essuyer les champignons.
4. Laver la tomate, l'essuyer, la couper en quartiers.
5. Laver, essuyer et ciseler le persil.
6. Couper les carottes en petits dés.
7. Verser tous ces ingrédients dans un saladier ; saler, mélanger.
8. Faire la mayonnaise, incorporer le curry. Verser cette sauce sur la salade, bien mélanger.

Remarque
Cette salade peut accompagner des poissons pochés froids ou des viandes froides. Elle peut aussi se servir tiède, avec une simple vinaigrette au curry.

Temps
de préparation :
15 à 20 mn

Eau

Laitue, pommes et noix

Proportions
(pour 4 personnes)

1 petite laitue
2 pommes golden
12 cerneaux de noix
25 cl de crème fleurette
1 cuillère à soupe de jus de citron
sel, poivre

1. Laver, éplucher la laitue en retirant les feuilles trop grandes.
2. Couper les pommes en quatre. Retirer la peau et le cœur. Couper chaque quartier en fins croissants.
3. Hacher très grossièrement les cerneaux de noix.
4. Battre délicatement la crème fleurette avec le jus de citron, saler et poivrer.
5. Assaisonner la salade mélangée dans un saladier. Dresser sur des assiettes individuelles.

M.J.

Fenouils en marinade, p. 17.

Temps
de préparation :
20 mn

Eau

Mâche, betterave, endive

Proportions
(pour 4 personnes)

150 g de mâche
1 betterave moyenne cuite
1 endive moyenne
vinaigrette à l'huile d'olive
(Recettes de base, *p. 92*)

1. Éplucher la mâche. Faire tremper les bouquets dans une grande bassine d'eau. Recueillir les feuilles avec les mains en restant en surface. Recommencer plusieurs fois de suite.
2. Éplucher l'endive, enlever le petit cône à l'extrémité, la trancher en quatre dans le sens de la longueur, puis en deux dans le sens de la largeur.
3. Éplucher la betterave, la couper en petits dés.
4. Mélanger les trois légumes dans un saladier.
5. Faire la vinaigrette à l'huile d'olive.
6. Assaisonner la salade, la répartir dans des assiettes individuelles. M.J.

Temps
de préparation :
30 mn

Eau

Salade Alma

Proportions
(pour 4 personnes)

1 cœur de céleri en branches
4 petits cœurs de laitue
1 pamplemousse
6 cornichons coupés en rondelles
3 cuillères à soupe de câpres
1 cuillère à soupe de fines herbes hachées (persil, cerfeuil, estragon)
1 noisette de pâte d'anchois
2/3 de tasse à déjeuner de mayonnaise
(Recettes de base, *p. 93*)

1. Laver, essorer les cœurs de laitue.
2. Couper le cœur de céleri en fine julienne.
3. Éplucher le pamplemousse, séparer les quartiers, puis les découper en petits triangles, en prenant soin d'éliminer la peau blanche.
4. Incorporer à la mayonnaise les cornichons, les câpres, les fines herbes et la pâte d'anchois.
5. Disposer en dôme, dans un plat, la julienne de céleri décorée avec les triangles de pamplemousse ; faire une couronne avec les cœurs de laitue. Napper avec la mayonnaise. R.M.

Temps
de préparation :
20 mn
Temps de cuisson :
20 mn

Bière
ou eau

Salade alsacienne

Proportions
(pour 4 personnes)

4 pommes de terre moyennes
2 pommes acidulées
1 petite betterave cuite de 150 g
3 échalotes
4 à 5 cornichons coupés en rondelles
4 cuillères à soupe de mayonnaise
(Recette de base, *p. 93*)
1 cuillère à soupe de persil haché
3 cuillères à soupe de vinaigrette
(Recette de base, *p. 92*)

1. Faire cuire les pommes de terre à l'eau dans leur peau.
2. Pendant ce temps, peler les pommes, les épépiner, les couper en dés.
3. Faire la mayonnaise.
4. Égoutter les pommes de terre, les peler, les couper en dés.
5. Dans un saladier, mélanger pommes et pommes de terre, les enrober de mayonnaise. Les disposer en dôme au centre d'une coupe.
6. Découper la betterave en rondelles ; en entourer les dés, en alternance avec des lamelles d'échalote. Décorer avec les rondelles de cornichon, parsemer de persil haché, arroser avec la vinaigrette.

Temps de préparation : 20 mn

Eau

Salade d'avocats aux pamplemousses

Proportions
(pour 4 personnes)

3 avocats
2 pamplemousses
1 cuillère à café de persil ciselé
1 tomate
1 belle laitue
vinaigrette classique
(Recettes de base, *p. 92*)

voir photo p. 22

1. Couper 2 avocats dans le sens de la longueur, retirer les noyaux, les éplucher à l'aide d'un couteau pointu et les découper en tranches fines.
2. Peler les pamplemousses à vif, séparer chaque quartier.
3. Bien laver la tomate, l'essuyer et la couper en 8 rondelles.
4. Découper un chapeau sur le troisième avocat, du côté le plus pointu. Détacher ce chapeau, dénoyauter l'avocat et en découper tout le tour en dents de scie.
5. Préparer la vinaigrette.
6. Laver et éplucher la laitue, l'essorer soigneusement.
7. Tapisser un grand plat rond de feuilles de laitue, puis d'une couche de rondelles de tomates et enfin, en alternant, des quartiers de pamplemousse et des tranches d'avocat. Saupoudrer de persil ciselé. Disposer au centre l'avocat coupé en dents de scie, y verser la vinaigrette. Servir aussitôt.

Temps de préparation : 15 mn

Eau

Salade blanche

Proportions
(pour 4 personnes)

1 boîte de pointes d'asperges
1 cœur de céleri en branches
250 g de champignons de Paris
le jus d'un demi-citron
1 bol de mayonnaise
(Recettes de base, *p. 93*)

1. Égoutter les pointes d'asperges.
2. Laver le cœur de céleri, le couper en rondelles.
3. Couper le bout terreux des champignons, laver ceux-ci, bien les sécher dans un linge, les détailler en lamelles.
4. Verser tous les ingrédients dans un saladier. Faire la mayonnaise, l'ajouter à la salade, bien mélanger. Mettre au frais 10 minutes avant de servir.

Remarque
On peut utiliser d'autres ingrédients, tout en restant dans la couleur blanche : lamelles d'endives, bouquets de chou-fleur cru, etc.

Temps de préparation : 20 mn
Temps de cuisson : 35 mn en tout

Eau

Salade blanche aux capucines

Proportions
(pour 6 personnes)

20 capucines
1 petit chou-fleur
500 g de pommes de terre à chair ferme
10 cl de vin blanc sec
4 cuillères à soupe d'huile
2 cuillères à soupe de vinaigre blanc
sel, poivre

1. Laver les pommes de terre pour éliminer toute trace de terre. Ne pas les peler, les mettre dans une casserole. Les couvrir d'eau froide, porter à ébullition, et laisser cuire 20 à 25 minutes.
2. Pendant ce temps, mettre une grande casserole d'eau salée à bouillir. Séparer le chou-fleur en petits bouquets, laver et égoutter ceux-ci. Lorsque l'eau bout, y plonger les bouquets de chou-fleur et laisser cuire à petits bouillons 15 minutes environ.
3. Lorsque les pommes de terre sont cuites, les égoutter, les peler et les couper en cubes de 2 centimètres de côté.

4. Égoutter le chou-fleur. Le mettre dans une terrine avec les pommes de terre, arroser de vin blanc et laisser reposer 5 minutes.
5. Mettre le vinaigre dans un bol, ajouter sel, poivre et incorporer l'huile.
6. Verser la vinaigrette sur les pommes de terre et les bouquets de chou-fleurs, mélanger puis ajouter les fleurs, auparavant essuyées dans un linge humide. Servir tiède.

Remarque
Beaucoup de fleurs sont comestibles : fleurs de courgettes, de pissenlit, d'acacia, ou encore violettes, roses, jasmin... et même les chrysanthèmes, dont les Japonais font leurs délices en les plongeant dans un bain de friture... En ce qui concerne les capucines, leurs feuilles, plus dures et moins parfumées, peuvent, elles aussi, être consommées crues, émincées dans une salade, ou cuites.

Temps de préparation :
50 mn en tout
+ 1 h de macération
Temps de cuisson :
1 h 15 en tout

Eau

Salade de céleri, pommes et marrons

Proportions
(pour 4 personnes)
2 belles pommes (Canada)
12 marrons
1 boule de céleri-rave
40 g de farine
1/2 citron
15 g de gros sel

Citronnette
25 cl d'huile d'arachide
5 cl d'huile de noisette
2 cuillères à café de moutarde forte
le jus d'un citron
5 g de feuilles de persil
5 g de ciboulette finement ciselée
sel fin, poivre du moulin

La veille
1. Éplucher et laver le céleri-rave. Le citronner en le frottant bien avec le demi-citron. Le réserver.
2. Verser dans une casserole 40 grammes de farine tamisée, ajouter 1,5 litre d'eau et, en plaçant la casserole sur un feu vif, porter à ébullition tout en fouettant constamment.
3. Dès la première ébullition, saler (10 g de gros sel) et y plonger le céleri-rave. Cuire à frémissement une quarantaine de minutes. Puis égoutter et réserver au frais.
4. Pendant ce temps, inciser la coque des marrons sur un côté, puis les plonger 5 minutes dans une eau bouillante. Les égoutter et les éplucher de leur coque et de leurs peaux filandreuses quand ils sont encore chauds. Puis continuer de les cuire à frémissement une trentaine de minutes dans 1 litre d'eau salée avec 5 grammes de gros sel. Les réserver dans leur eau de cuisson.
5. Faire la citronnette : dans un récipient, mettre le jus du demi-citron, le sel, le poivre du moulin, puis la moutarde et, tout en fouettant, ajouter les huiles. Réserver à température ambiante et couvrir d'un linge.

Le jour même
6. Éplucher et évider les pommes (avec un vide-pomme si l'on en a un). Les tailler en rouelles de 3 à 4 millimètres d'épaisseur, soit au minimum 16 belles rouelles.
7. Tailler le céleri-rave en rouelles de la même épaisseur, pour en obtenir également au moins 16. Puis, à l'aide d'un verre et d'une pointe de couteau, rectifier le diamètre des rouelles de céleri pour les rendre à peu près identiques et proportionnées aux pommes.
8. Ranger bien à plat ces différentes rouelles dans une grande plaque. Les arroser de la citronnette ; casser les marrons en 2 ou 3 morceaux et les éparpiller dessus. Laisser ainsi macérer durant 1 heure, tout en prenant soin d'arroser de citronnette de temps en temps.

Salade d'avocats aux pamplemousses, p. 21.

9. Le temps de macération écoulé, répartir sur de grandes assiettes les rouelles de pommes et de céleri en les faisant se chevaucher pour donner la forme d'une rosace. Placer au centre les morceaux de marrons et arroser le tout d'un peu de citronnette. Saupoudrer de la ciboulette et du persil taillé en fines lanières.

Remarque

L'huile de noisette parfume agréablement cette salade et procure une sensation légèrement râpeuse. Mais elle est trop fruitée pour être employée pure. On la coupe donc avec une huile plus neutre (arachide ou pépins de raisins). M.M.

Temps de préparation : 20 mn
Temps de cuisson : 15 mn

Eau

Salade de céleri-rave au persil et aux pommes de terre

Proportions
(pour 4 personnes)

1 petit céleri-rave (450 g)
50 g de persil lavé, équeuté et égoutté
1 citron
12,5 cl d'huile d'arachide
150 g de pommes de terre épluchées et lavées (bintjes)
2 cuillères à café de moutarde moyennement forte
sel, poivre du moulin

1. Cuire les pommes de terre, épluchées, lavées et coupées en gros morceaux, pendant 15 minutes à l'eau salée. Égoutter. Passer au moulin à légumes, déposer sur une assiette et laisser refroidir.
2. Presser le citron pour en obtenir le jus.
3. Enlever la peau du céleri-rave (il doit en rester 325 grammes) et le tailler en fine julienne. Le mélanger dans un bol, au fur et à mesure, avec les trois quarts du jus de citron pour qu'il ne noircisse pas.
4. Verser l'huile dans un mixeur. Y ajouter le persil et broyer une minute.
5. Rassembler dans le bol du céleri-rave l'huile au persil, les pommes de terre et la moutarde. Saler et poivrer. Bien mélanger le tout à la spatule. Goûter et rectifier l'assaisonnement en sel et poivre, ainsi qu'en jus de citron.
6. Garder au réfrigérateur, jusqu'à consommation. Si l'ensemble est trop épais, ajouter un tout petit peu d'eau.

✻ Très bon accompagnement pour un jambon cru séché ou fumé. P.W.

Petite histoire de la salade

Déjà en usage chez les Romains (son nom viendrait du « salis » latin), elle apparaît en France au XIVe siècle.

Plus tard, Rabelais, pendant son séjour à Rome, envoie à plusieurs reprises des graines de salade à son ami et protecteur Geoffroy d'Estissac. Ces graines proviennent de Naples, « desquelles le Saint-Père faisait semer en son jardin secret de Belvédère ». Ronsard en faisait pousser dans son jardin : boursette touffue, primprenelle et respensete à la racine douce. Au XVIIIe siècle, l'usage était d'autoriser les jeunes femmes à retourner la salade avec les doigts. Dans le Midi, on dit joliment « fatiguer la salade ».

L'endive, elle, naît par hasard en 1878 des soins d'un jardinier qui voulait obtenir des chicorées plus blanches. Dans la terre et l'obscurité d'une cave, celles-ci prirent une forme insolite. Elles ne recevront leur nouvelle appellation qu'après avoir été temporairement baptisées « chicorée des Halles ».

Temps de préparation : 20 mn
Temps de cuisson : 20 à 30 mn
Eau

Salade de chicots

Proportions
(pour 8 personnes)

500 g d'endives jaunes, encore petites, bien fermées
500 g de pommes de terre
4 cuillères à soupe d'huile
2 cuillères à soupe de vinaigre de vin
1 gros oignon
4 branches de persil
5 à 6 tiges de ciboulette
100 g de lard de poitrine maigre fumé
sel, poivre

1. Faire cuire à l'eau salée, pendant 20 à 30 minutes selon leur grosseur, les pommes de terre, épluchées et lavées.
2. Pendant ce temps, nettoyer les endives. Enlever le petit cône à la base, les couper en rondelles, réserver.
3. Préparer une vinaigrette dans un saladier avec l'huile, le vinaigre, le sel et beaucoup de poivre. Ajouter l'oignon pelé et finement haché.
4. Lorsque les pommes de terre sont cuites, les passer au moulin à légumes dans la sauce, remuer. Ajouter les endives et les herbes finement ciselées, remuer encore.
5. Couper le lard en fines lamelles, faire fondre à la poêle, sur feu moyen, jusqu'à ce qu'il croustille légèrement.
6. Au moment de servir, verser le contenu de la poêle bien chaud sur le saladier.

Remarque
Il s'agit d'une salade paysanne. Les chicots, appelés aussi chicons, sont les endives dont le département du Nord est devenu premier producteur mondial. C.T./C.V.

Temps de préparation : 15 mn
Temps de cuisson : 3 mn
Eau

Salade de chou cru, cresson et poireau frit

Proportions
(pour 4 personnes)

90 g de chou pommé
60 g de cresson effeuillé (2 bottes environ)
180 g de blanc de poireau
2 cuillères à soupe d'huile de noisette
1 échalote ciselée
sauce soja
vinaigre de Xérès
10 g de ciboulette
huile d'arachide
sel, poivre

voir photo p. 27

La veille
1. Couper en fines lanières le blanc de poireau et le faire tremper à l'eau froide.

Le jour même
2. Égoutter le blanc de poireau et bien le sécher. Le frire à l'huile d'arachide (160 °C).
3. Émincer finement le chou cru, saler, poivrer. Ajouter l'échalote ciselée, le cresson, l'huile de noisette, la ciboulette, quelques gouttes de jus de soja et le vinaigre de Xérès. Juste avant de servir, mélanger le poireau frit. Dresser sur assiette.

Remarque
Servir avec de la charcuterie ou avec un saumon grillé.
On peut l'améliorer avec toutes sortes d'herbes aromatiques ou des champignons crus émincés et légèrement crémés.
Si on ne possède pas de friteuse, mettre de l'huile d'arachide dans une poêle large. On remuera le poireau à l'aide d'une fourchette. P.G.

Temps
de préparation :
20 mn

Eau

Salade d'épinards crus

Proportions
(pour 4 personnes)

300 g de jeunes épinards
2 gousses d'ail
4 cuillères à soupe d'huile d'olive
1 cuillère à soupe de vinaigre de Xérès
12 petites rondelles de pain
sel

1. Équeuter les épinards. Couper les plus grosses feuilles en deux par le milieu et ôter la nervure centrale. Les laver soigneusement dans plusieurs eaux, les égoutter, les mettre dans un saladier.
2. Découper une demi-baguette en 12 rondelles. Faire revenir celles-ci à la poêle dans un peu d'huile ou de beurre.
3. Dans un bol, mélanger le vinaigre, le sel, l'huile d'olive, une gousse d'ail épluchée et hachée et le poivre. Verser cette sauce sur les épinards. Bien mélanger.
4. Frotter les croûtons avec la seconde gousse d'ail. Les disposer sur la salade. Mélanger à nouveau et servir aussitôt.

✱ Délicieux en salade, les épinards crus se marient avec d'autres ingrédients : lardons, champignons de Paris crus et découpés en lamelles, lamelles de saumon fumé (assaisonnées de crème fleurette au citron), œufs mollets découpés en tranches, dés de tomate...

Temps
de préparation :
1 h environ
Temps de cuisson :
20 mn

Eau

Salade de fèves à la menthe

Proportions
(pour 4 personnes)

2,500 kg de fèves fraîches

Sauce
huile d'olive
jus de citron
crème aigre
menthe hachée

1. Éplucher les fèves : pour cela, les écosser d'abord, puis enlever, pour chaque fève, la peau dure qui l'entoure. Cette opération est indispensable, car cette peau, si on ne l'enlevait pas, durcirait à la cuisson et aurait un goût âcre fort désagréable.
2. Cuire les fèves 4 à 5 minutes à l'eau bouillante salée.
3. Les laisser refroidir.
4. Préparer une « citronnette » avec huile d'olive, jus de citron, sel et poivre. Ajouter 2 cuillères de crème aigre et un hachis de menthe.
5. Assaisonner les fèves de cette sauce et les servir, par exemple, avec une épaule d'agneau.

P.D.

Temps
de préparation :
15 mn

Eau

Salade fraîche

Proportions
(pour 4 personnes)

1 concombre
1/2 poivron vert
20 cl de crème fleurette
1 cuillère à soupe de jus de citron
1 cuillère à soupe d'estragon haché
quelques feuilles de menthe
sel, poivre

1. Peler le concombre. Le couper en deux dans le sens de la longueur, ôter les graines à l'aide d'une petite cuillère. Couper chaque demi-concombre en deux, puis en tranches de un demi-centimètre d'épaisseur.
2. Éplucher le poivron, ôter les graines et le couper en fines lamelles.
3. Dans un saladier, verser la crème fleurette, le jus de citron, l'estragon haché, le sel et le poivre. Bien mélanger. Verser dessus le concombre et le poivron, mélanger encore. Mettre au frais pendant 1 heure.
4. Décorer de feuilles de menthe et servir.

Salade de chou cru, cresson et poireau fin, p. 25.

Mariages harmonieux

Voici, selon Roger Vergé, quelles sont les huiles s'accordant le mieux aux différentes variétés de salades :

- *batavia : huile d'olive ;*
- *chicorée frisée : huile de colza, huile de noix ;*
- *cornette : huile de noix ;*
- *cresson : huile d'olive ;*
- *endive : huile d'olive ;*
- *laitue : huile d'olive ou crème fraîche et citron ;*
- *mâche : huile d'olive ;*
- *mesclun : huile d'olive ;*
- *pissenlit : huile de noix ;*
- *romaine : huile d'olive ;*
- *scarole : huile d'olive.*

Temps de préparation : 30 mn
Temps de cuisson : 20 mn

Muscadet

Salade du gourmet

Proportions
(pour 6 personnes)

500 g de pommes de terre roseval
2 cuillères à soupe de muscadet
2 pommes granny smith
3 tomates moyennes
1 petit piment vert
50 g d'olives vertes farcies de poivron rouge
50 g de chester
75 g de jambon blanc
2 échalotes
quelques brins de ciboulette
2 cuillères à soupe de vinaigre
6 cuillères à soupe d'huile
1 noisette de moutarde
sel, poivre

1. Faire cuire les pommes de terre avec leur peau à l'eau salée. Dès qu'elles sont cuites, les égoutter, les couper en minces rondelles, les disposer dans un saladier, les arroser avec le muscadet.
2. Peler et épépiner les pommes et les tomates. Couper les pommes en cubes et les tomates en quartiers.
3. Détailler le piment et les olives en rondelles.
4. Couper le fromage en bâtonnets.
5. Hacher les échalotes et la ciboulette.
6. Émincer finement le jambon.
7. Disposer en alternance sur les pommes de terre les dés de pomme, les quartiers de tomate, les rondelles de piment et d'olive et les bâtonnets de fromage.
8. Préparer la vinaigrette : délayer la moutarde avec le vinaigre, ajouter sel et poivre, puis l'huile.
9. Verser la vinaigrette sur la salade. Saupoudrer du hachis d'échalotes et de ciboulette. Parsemer de jambon et servir aussitôt.

Temps de préparation : 15 mn
Temps de cuisson : 25 mn

Eau

Proportions
(pour 4 personnes)

500 g de haricots verts
1 avocat
4 tomates
6 cerneaux de noix
2 cuillères à café de persil et d'estragon hachés
le jus de 1/2 citron
1 cuillère à café de moutarde à l'ancienne
3 cuillères à soupe d'huile d'olive
sel, poivre

Salade de haricots verts à l'avocat

1. Faire bouillir de l'eau salée dans une casserole.
2. Équeuter et effiler les haricots verts, les couper en 2 ou 3 tronçons, les faire cuire 20 minutes et les égoutter.
3. Pendant la cuisson des haricots, ouvrir l'avocat, le peler, couper la pulpe en dés.
4. Monder les tomates, les peler et les épépiner. Les couper en quartiers.
5. Préparer la sauce : mélanger le citron et la moutarde dans un bol, saler et poivrer, puis ajouter l'huile d'olive.
6. Disposer haricots, tomates et dés d'avocat dans un saladier. Verser la sauce dessus et mélanger délicatement. Décorer avec les cerneaux de noix, le persil et l'estragon hachés. Servir aussitôt.

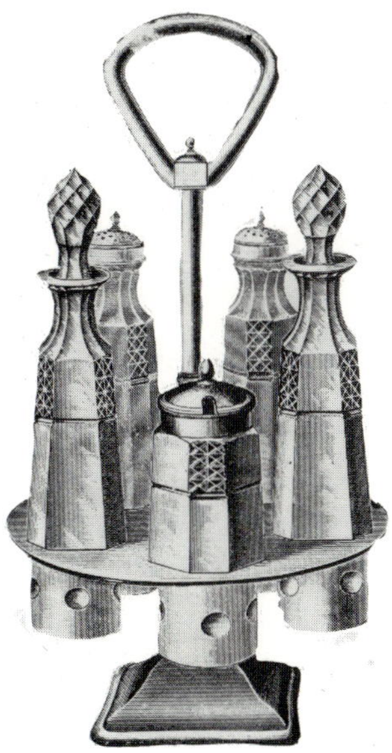

Du bon traitement des salades

Les traiter toujours avec beaucoup de soin et d'attention lors de leur préparation, de leur toilette à l'eau fraîche, de leur assaisonnement et de leur dressage. L'égouttage ou l'essorage, puis le séchage dans un linge léger permettent d'éliminer efficacement toute l'eau.

Toujours assaisonner au moment de servir, jamais à l'avance. Tourner la salade dans un récipient de taille suffisante pour opérer à l'aise sans devoir la tasser.

Une pincée de sel fin dans la salade encore sèche avant de faire couler la sauce vinaigrette est une bonne pratique, comme l'ajustement de l'assaisonnement avec un filet de vinaigre de vieux vin. Pour les fines herbes, on peut mettre l'estragon dans la vinaigrette afin d'obtenir une légère macération, mais il vaut mieux disposer les pointes de ciboulette et le cerfeuil dans la salade après son assaisonnement.

Enfin, on se méfiera des huiles au parfum trop marqué (noix et noisettes notamment), mieux vaut la mélanger à des huiles au parfum plus neutre (olive).

Selon un vieux dicton, pour réussir une bonne salade, il faut s'y mettre à quatre :
✵ *un sage pour le sel, le poivre et la moutarde ;*
✵ *un avare pour le vinaigre ;*
✵ *un prodigue pour l'huile ;*
✵ *un fou pour mélanger le tout.*

Temps
de préparation :
20 mn
Temps de cuisson :
7 à 8 mn

Eau

Salade de haricots verts à la crème et aux noisettes

Proportions
(pour 2 personnes)

400 g de haricots verts
20 g de noisettes décortiquées
2 cuillères à soupe de cerfeuil haché (facultatif)
1 cuillère à café de moutarde forte de Dijon
le jus de 1/2 citron
4 cuillères à soupe de crème double, bien froide
4 feuilles blanches de laitue
sel, poivre

1. Mettre un saladier au réfrigérateur.
2. Mettre à chauffer 3 litres d'eau, additionnée de 2 cuillères à soupe de gros sel.
3. Équeuter les haricots verts, les laver à l'eau froide, les égoutter dans une passoire.
4. Lorsque l'eau bout à gros bouillons, y jeter les haricots verts. Ne pas couvrir. A partir de 4 à 5 minutes d'ébullition, vérifier de temps en temps la cuisson en croquant un haricot. Le temps de cuisson précis dépend en effet de la teneur en calcaire de l'eau et surtout de la qualité des haricots verts.
5. Pendant cette cuisson, préparer un grand bol d'eau froide avec des glaçons. Dès que les haricots verts sont cuits (ils doivent être légèrement croquants), les égoutter rapidement et les plonger dans l'eau glacée. Cette opération arrêtera leur cuisson et leur gardera une belle couleur verte. Égoutter à nouveau très soigneusement, au besoin les sécher dans un linge. Tenir au frais.
6. À l'aide d'un petit couteau, couper les noisettes en petites rondelles. Les faire légèrement griller à la poêle à feu vif en remuant, ou au four ; elle doivent rester blanches. Verser les noisettes grillées sur une assiette et laisser refroidir.
7. Sortir le saladier vide du réfrigérateur. Y verser 4 cuillères à soupe de crème double bien froide, une cuillère à café de moutarde forte de Dijon, le jus de citron, sel et poivre. Fouetter légèrement pour bien mélanger, ajouter le cerfeuil et les haricots verts. Rouler, à l'aide d'une cuillère, les haricots dans la crème. Goûter et saler si nécessaire. Ce mélange ne doit pas être fait plus d'une demi-heure avant le repas.
8. Dans chaque assiette, mettre 2 feuilles blanches de laitue dans la position de deux mains ouvertes. Dresser dedans les haricots verts en dôme, sur lequel on parsèmera des noisettes grillées. Servir aussitôt.

Remarque
La cuisson des haricots verts ne doit pas se faire plus de 2 heures avant le repas, sinon ils se flétriraient.

R.V.

Temps
de préparation :
25 mn
Temps de cuisson :
20 à 30 mn en tout

Eau

Salade du jardin de curé

Proportions
(pour 4 personnes)

60 g de carottes
et 60 g de céleri-rave, épluchés et taillés en julienne (bâtonnets de 3 cm de longueur sur 1/2 cm de section)
1 gousse d'ail écrasée, mais non pelée
8 grains de poivre
40 cl d'huile d'olive

1. Étaler la julienne de carottes et de céleri-rave dans le fond d'une casserole plate. Ajouter l'ail, les 8 grains de poivre, et recouvrir des 40 centilitres d'huile d'olive. Porter à ébullition, égoutter la julienne et réserver le bain de cuisson pour un autre usage.
2. Mettre une casserole avec un litre d'eau salée à chauffer. Éplucher les différentes salades, les laver soigneusement à l'eau fraîche, les égoutter au panier à salade, puis sur un linge.

Salade rouge crue, p. 37.

Mélange de salades
15 g de cresson effeuillé
10 g de trévise ou de batavia rouge, soit 8 feuilles
15 g de mâche, soit 6 petits bouquets
20 g de salade frisée ou de pourpier
100 g de pousses de soja
40 g de petits pois frais ou surgelés
15 g de gros sel
24 œufs de caille
50 cl de vin rouge
150 g de poitrine de porc fumée, en 3 tranches détaillées chacune en 12 petits lardons
2 cuillères à soupe de ciboulette hachée fraîche
2 cuillères à soupe de pluches de cerfeuil
10 cl de sauce vinaigrette gourmande
(voir « Salade gourmande », *p. 83*)

3. Plonger les pousses de soja 2 minutes dans une grande casserole remplie d'un litre d'eau bouillante salée avec 15 grammes de gros sel ; les égoutter à l'écumoire et les rafraîchir aussitôt une minute dans un récipient rempli d'eau froide et de glaçons.
4. Pratiquer de la même façon pour les petits pois, en comptant 15 minutes de cuisson pour les frais et 6 minutes pour les surgelés.
5. Dans un grand saladier, mélanger les salades de cresson, trévise, mâche, frisée. Ajouter pousses de soja, petits pois et légumes confits égouttés. Réserver.
6. Casser les œufs de caille dans une assiette. Dans une autre grande casserole, amener à frémissements 50 centilitres d'eau et 50 centilitres de vin rouge, ne pas saler surtout : le sel liquéfie l'albumine du blanc. Y glisser délicatement les œufs et les laisser pocher une minute à frémissements. Puis les tenir au tiède en éloignant légèrement la casserole du feu.
7. Chauffer la poêle, y faire sauter et colorer les lardons. Ne pas ajouter de matière grasse, le lard se suffit à lui-même.
8. Assaisonner le mélange des salades avec 10 centilitres de vinaigrette gourmande, en y ajoutant les petits lardons égouttés.
9. Présenter cette préparation soit dressée en forme de dôme sur assiette individuelle, soit simplement telle quelle, dans le saladier.
10. Répartir délicatement dessus les œufs de caille encore chauds. Parsemer enfin de la ciboulette hachée et des pluches de cerfeuil.

Remarque
Les œufs de caille peuvent être remplacés par des œufs de poule, à raison d'un par personne, à laisser pocher 3 minutes.
50 grammes de spaghetti coupés à 5 centimètres de longueur et cuits à l'eau salée *al dente,* c'est-à-dire légèrement résistants sous la dent, remplaceront de façon amusante les pousses de soja, parfois difficiles à trouver.
Une grande tartine de pain grillée chaude sera l'accompagnement idéal de cette salade.

M.G.

Temps de préparation : 10 à 15 mn
Temps de cuisson : 1h à 1h30 mn
Eau

Salade de lentilles

Proportions
(pour 4 personnes)
250 g de lentilles
2 oignons moyens
2 gousses d'ail
1 brindille de thym
1 feuille de laurier
1/2 tasse à thé de vinaigrette à l'huile de noix
(Recettes de base, *p. 92*)

1. Tremper, cuire les lentilles. Les égoutter, les laisser refroidir à la température de la pièce.
2. Préparer la vinaigrette à l'huile de noix dans un saladier. Ajouter les lentilles, mélanger et servir.

❄ Accompagne bien viandes froides de potée au chou, charcuteries de choucroute, confit de canard froid.

Remarque
Cette salade ne risquant pas de « confire » peut être faite à l'avance. Les lentilles peuvent être cuites à l'avance. On les conserve égouttées dans une boîte hermétique, débarrassées du thym et du laurier. C'est aussi une manière d'utiliser un reste.

M.J.

Temps
de préparation :
40 mn
Temps de cuisson :
40 mn

Vin rosé

Salade de lentilles aux croûtons d'anchoïade

Proportions
(pour 4 personnes)
200 g de lentilles
1 litre d'eau froide
7 g de gros sel
1 petit bouquet garni
poivre
60 g d'oignons et 60 g de carottes
épluchés et taillés en gros dés
1/2 gousse d'ail
pelée et hachée
4 anchois au sel ou à l'huile en boîte
1 jaune d'œuf
6 cuillères à soupe d'huile d'olive
12 rondelles de pain
détaillées dans une baguette
1 cuillère à soupe de câpres hachées

Sauce d'accompagnement
4 cuillères à soupe d'huile
d'arachide
4 cuillères à soupe de vinaigre de vin
1 cuillère à soupe d'échalote hachée
sel et poivre

1. Laver les lentilles, les égoutter, les mettre dans la casserole et les recouvrir du litre d'eau froide. Il n'est pas nécessaire, comme pour les haricots secs, de les faire tremper au préalable.
2. Porter à ébullition et écumer si besoin est.
3. Ajouter alors le gros sel, le bouquet garni, le poivre, les dés d'oignons et de carottes, ainsi que l'ail haché. Laisser cuire doucement, à couvert, 35 minutes environ. La cuisson terminée, les égoutter sur l'égouttoir à pieds, enlever le bouquet garni et les réserver au frais.
4. Pendant la cuisson des lentilles, préparer l'anchoïade. Dessaler les 4 anchois sous le robinet d'eau froide. Les désarêter en enlevant leurs filets ; pour ce faire, lever ces derniers à partir de la queue en les pinçant entre le pouce et l'index pour les décoller de l'arête. Les rincer à nouveau et les essorer sur un linge.
5. Les broyer 30 secondes au mixeur en incorporant le jaune d'œuf puis, progressivement, 4 cuillères à soupe d'huile d'olive. Réserver dans un bol.
6. À l'aide d'un pinceau, badigeonner les deux côtés des rondelles de pain avec les 2 cuillères d'huile d'olive restantes. Les mettre à colorer sur les deux faces, sous le gril du four, pour les rendre croustillantes.
7. À l'aide d'une spatule en acier, tartiner d'anchoïade les 12 rondelles de pain grillé.
8. Préparer la sauce d'accompagnement comme une simple vinaigrette, dans le saladier de service.
9. Y verser les lentilles, la cuillère à soupe de câpres hachées, et retourner avec le couvert à salade.
10. Présenter cette salade légèrement montée en dôme et disposer autour, en couronne, les croûtons d'anchoïade.

Remarque
Les croûtons peuvent plus simplement être garnis d'une petite tranche de tomate surmontée d'une tranche d'œuf dur et d'un filet d'anchois à l'huile. Pour rendre ce plat plus lumineux, on peut mélanger aux lentilles des haricots blancs secs, cuits de la même façon. M.G.

Temps
de préparation :
20 mn

Eau

Salade médocaine

Proportions
(pour 4 personnes)
200 g de mâche
1 grappe de raisin noir
12 noix fraîches
75 g de gruyère
4 cuillères à soupe d'huile
1 cuillère à soupe de vinaigre de vin
sel, poivre

1. Éplucher et laver la mâche. Laisser les feuilles en bouquet pour la présentation.
2. Égrener le raisin.
3. Casser les noix, les séparer en deux et retirer la peau.
4. Préparer la vinaigrette avec l'huile, le vinaigre, le sel et le poivre.
5. Dans un saladier, mettre la mâche, les grains de raisin, les quartiers de noix et le gruyère coupé en petits dés (réserver quelques grains de raisin, quelques dés de gruyère et quelques quartiers de noix).
6. Laisser reposer et attendre le moment de servir pour remuer la salade. Une fois qu'elle est bien mélangée, disposer sur le dessus, de manière décorative, les différents ingrédients qui ont été réservés à cet effet. R.M.

Temps de préparation : 25 mn

Eau

Salade Mikado

Proportions
(pour 2 personnes)

1 avocat d'environ 180 g
1 cœur de chicorée frisée
350 g de tomates rouges et fermes
2 gros champignons de Paris (environ 80 g chacun)
1 cuillère à soupe de vinaigre de vin
1/2 cuillère à café de moutarde de Dijon
3 cuillères à soupe d'huile d'olive
20 g de truffes en julienne (facultatif)
sel, poivre

1. Monder les tomates, les peler, les couper en deux. Presser les moitiés de tomates pour en retirer l'eau et les pépins, les couper en petits dés.
2. Nettoyer, laver soigneusement et essorer le cœur d'une chicorée frisée.
3. Partager l'avocat dans le sens de la longueur. L'éplucher, couper chaque moitié en fines lamelles. (Si on fait cette opération à l'avance, garder le noyau et le mettre dans l'assiette avec les lamelles et recouvrir le tout de papier-film ; cela pour que l'avocat ne noircisse pas.)
4. Prendre seulement les têtes des champignons, les passer sous l'eau froide, les sécher, les couper en fines lamelles.
5. Disposer, au centre de chaque assiette, une touffe de chicorée frisée. Diviser l'assiette en 3 zones : sur le premier tiers, mettre les dés de tomate égouttée ; sur le deuxième, les tranches de champignons, et sur le dernier, les lamelles d'avocat.
6. Dans un bol, mélanger une cuillère à soupe de vinaigre de vin, une demi-cuillère à café de moutarde. Saler et poivrer, puis ajouter 3 cuillères à soupe d'huile d'olive. Bien mélanger.
7. Saler et poivrer les légumes sur les assiettes, puis les arroser, à la cuillère, avec la sauce vinaigrette. Servir frais.

R.V.

Temps de préparation : 40 à 45 mn
Temps de cuisson : 8 à 12 mn

Eau

Salade de mini-légumes

Proportions
(pour 4 personnes)

1 concombre moyen
150 g de champignons de Paris
1 pied de céleri en branches
150 g de haricots verts extra-fins
12 à 15 petits radis roses
jus de citron
vinaigrette aux fines herbes
(Recettes de base, *p. 92*)

Le charme de cette salade réside dans la taille très réduite des légumes ; donc, les haricots verts sont coupés en morceaux de 2 centimètres de long et les autres légumes doivent être proportionnés à cette mesure.
1. Préparer le concombre.
2. Éplucher, cuire et rafraîchir les haricots verts.
3. Choisir les feuilles blanches et tendres du cœur du céleri, les couper en fines rondelles d'un quart de centimètre d'épaisseur.
4. Équeuter et laver soigneusement les radis. Les couper en fines rondelles d'un quart de centimètre d'épaisseur.
5. Préparer les champignons, les couper en bâtonnets égaux aux haricots verts, les arroser de jus de citron pour éviter qu'ils ne noircissent.
6. Mélanger tous les ingrédients, assaisonner de vinaigrette et répartir la salade sur des assiettes individuelles.

M.J.

Salade Mikado. Coktail de melon aux fraises, p. 108.

Salade de pommes et de carottes râpées

Temps de préparation : 10 mn

Eau

Proportions
(pour 2 personnes)

2 pommes crues
4 carottes nouvelles
1 yaourt
le jus d'un citron

1. Éplucher les pommes et les carottes.
2. Les râper très finement.
3. Les mélanger au yaourt.
4. Battre le tout avec le jus de citron.

E.S.

Salade des prés à la ciboulette

Temps de préparation : 20 mn
Temps de cuisson : 7 à 8 mn

Eau

Proportions
(pour 4 personnes)

120 g de haricots verts très fins
150 g de champignons de Paris
1 pamplemousse
1 pomme fruit
80 g de carotte râpée
20 g de grains de maïs pochés (en conserve)
20 g de ciboulette hachée
1 salade de laitue

Sauce

5 cuillères à soupe de fromage blanc 0 %
2 cuillères à soupe de vinaigre de vin
1 cuillère à soupe de sauce soja
1 cuillère à café d'herbes fraîchement hachées (cerfeuil, estragon, persil...)
sel, poivre

1. Peler à vif le pamplemousse. Puis, à l'aide d'un petit couteau bien tranchant, inciser le long des membranes de séparation intérieure, en dégageant les quartiers ainsi mis à nu. Récupérer dans un bol le jus qui coule pendant cette opération.
2. Peler et couper la pomme en tranches fines. Mettre celles-ci à macérer dans le bol avec les quartiers de pamplemousse et leur jus.
3. Équeuter et cuire les haricots verts *al dente*.
4. Laver et ébouillanter les champignons une minute à l'eau salée. Les couper en fines lamelles.
5. Faire la sauce. Assaisonner tous les légumes séparément : haricots verts, champignons, carotte râpée, maïs.
6. Disposer la salade, lavée et essorée, dans le fond des assiettes.
7. Au centre, monter en dôme les haricots verts. Tout autour, ranger en couronne la carotte râpée et, légèrement décalés, les quartiers de pamplemousse et de pomme, se chevauchant de manière à présenter une jolie palette colorée. Disposer enfin les lamelles de champignons.
8. Terminer en parsemant tout le dessus de grains de maïs et de ciboulette.

Remarque
On peut également réaliser cette recette avec 150 grammes de cèpes frais (ou en boîte « au naturel »).

M.G.

Salade de rillons à l'ail nouveau

Temps de préparation : 15 mn
Temps de cuisson : 5 mn

Sauvignon de Touraine

Proportions
(pour 4 personnes)

300 g de rillons de Touraine
2 noix de beurre
2 brins d'ail vert ciselés
1 petite poignée de feuilles de persil plat
1 trait de vinaigre de vin
200 g de salade au choix, fraîche et croquante
5 cuillères à soupe d'huile de noix
2 cuillères à soupe de vinaigre de vin rouge
sel, poivre

1. Tailler les rillons en bâtonnets de 5 millimètres au carré.
2. Trier, laver, essorer la salade ; la rassembler dans un saladier avec l'huile, le vinaigre, saler et poivrer. Mélanger.
3. Recouvrir le fond de chaque assiette avec la salade.
4. Dans une poêle posée sur le feu, fondre le beurre, ajouter les rillons, donner 2 tours de poêle, mettre l'ail, puis le persil haché.
Donner encore 2 tours de poêle, ajouter le trait de vinaigre et répartir à la cuillère les rillons sur la salade. Servir tiède.

J.B.

Temps
de préparation :
15 mn

Eau

Salade rouge crue

Proportions
(pour 6 personnes)

1 chou rouge
1 botte de radis roses
100 g de noisettes hachées
le jus d'un citron
3 cuillères à soupe d'huile
1 cuillère à café de persil haché
1 cuillère à café d'estragon haché
1 cuillère à café de moutarde
à l'ancienne
sel, poivre

voir photo p. 31

1. Ôter les feuilles dures du chou rouge. Laver et effeuiller celui-ci, le couper en fines lanières. Le saler et l'arroser avec la moitié du jus de citron pour qu'il ne noircisse pas.
2. Ôter les fanes et les racines des radis. Laver ceux-ci, les égoutter, les couper en quatre dans le sens de la longueur.
3. Préparer la sauce : mélanger le reste du jus de citron, l'estragon, le persil et la moutarde. Saler et poivrer, ajouter l'huile, mélanger à nouveau.
4. Un quart d'heure avant de servir, mélanger les légumes dans un saladier, les arroser de sauce et remuer délicatement. Décorer avec des noisettes hachées.

Temps
de préparation :
15 mn
Temps de cuisson :
40 à 45 mn

Eau

Salade de tomates et de poivrons cuits

Proportions
(pour 4 personnes)

2 tomates
2 poivrons rouges
1 petite cuillère à café
de piment doux
l'écorce d'un demi-citron confit
(dans les boutiques orientales)
1 verre d'huile d'arachide
1 gousse d'ail écrasée
sel

1. Plonger les tomates une minute dans l'eau bouillante. Retirer la peau, les couper en deux, retirer les graines, couper la chair en morceaux.
2. Dans une sauteuse, mettre les tomates, l'huile et le sel, le piment doux. Porter à ébullition à feu moyen, laisser mijoter doucement pour obtenir un coulis très réduit.
3. Pendant ce temps, faire griller les poivrons sur une flamme. Les couper en dés après avoir retiré la peau, la tige, les fibres et les graines.
4. Couper de même l'écorce du demi-citron confit et hacher le persil.
5. À la fin de la cuisson du coulis, quand l'huile remonte en surface, ajouter les dés de poivrons et de citron, le persil haché. Laisser sur le feu doux pendant une dizaine de minutes, en remuant. Verser ensuite dans une coupe et laisser refroidir.

✻ Cette salade peut se faire deux ou trois jours à l'avance et se conserver au frais.

M.J.

Temps
de préparation :
35 à 50 mn en tout
Temps de cuisson :
18 à 22 mn en tout

Eau

Salade tourangelle

Proportions
(pour 4 personnes)

400 g de pointes d'asperges cuites
1 petite échalote
3 branches de persil
4 fonds d'artichauts cuits
1/2 cuillère à café de moutarde
3 ou 4 feuilles d'estragon
400 g de haricots verts cuits
4 ou 5 branches de céleri
400 g de petits champignons des prés

1. Préparer la salade de pointe d'asperges avec l'échalote pelée et finement hachée, une branche de persil hachée, vinaigrette.
2. Faire la salade d'artichauts en émincant les fonds, en mêlant la moutarde à la vinaigrette et en ajoutant l'estragon ciselé.
3. Émincer en rondelles les branches de céleri en retirant les fils au fur et à mesure, arroser avec le quart du jus de citron. Laisser tel quel.
4. Préparer la salade de haricots verts en procédant comme pour les pointes d'asperges, mais avec 2 branches de persil au lieu d'estragon.

2 cuillères à soupe de cerneaux de noix
2 cuillères à soupe de crème fraîche
3 ou 4 branches de cerfeuil
le jus d'1 citron

Vinaigrette
3 cuillères à soupe de vinaigre de vin
6 cuillères à soupe d'huile d'arachide
3 cuillères à soupe d'huile de noix
sel, poivre du moulin

5. Nettoyer les champignons, les émincer, leur ajouter sans attendre crème, poivre, sel et le reste du jus de citron, parsemer de pluches de cerfeuil.
6. Réunir toutes ces salades sur le pourtour d'un même plat, côte à côte (surtout ne pas les mélanger), et mettre au centre les cerneaux de noix en dôme. Présenter à part des tranches de pain blondies au gril.

Remarques
Pointes d'asperges, fonds d'artichauts et haricots verts peuvent être cuits la veille et conservés séparément dans des boîtes hermétiques. On peut remplacer les champignons des prés par des champignons de Paris.

C.T./C.V.

Temps de préparation : 30 mn

Beaujolais nouveau

Salade vendémiaire

Proportions (pour 6 personnes)
2 pieds de céleri en branches
2 citrons
2 pommes golden
20 noix
100 g de roquefort
4 cuillères à soupe d'huile
sel, poivre

1. Éplucher les pieds de céleri, en retirer les branches les plus vertes et les réserver pour les cuire en légumes ou en potage.
Gratter les autres côtes, les laver, ainsi que les cœurs. Couper les côtes en bâtonnets ; garder entiers les cœurs et les feuilles les plus tendres.
2. Presser le jus des citrons.
3. Peler les pommes ; les couper en quartiers en retirant les pépins ; les ranger dans un saladier et les arroser de jus de citron ; laisser macérer.
4. Casser les noix, réserver les cerneaux.
5. Faire la sauce : émietter le roquefort à la fourchette ; ajouter l'huile, le jus de citron, les pommes, du sel et du poivre. Bien mélanger ; ajouter les cerneaux de noix.
6. Dans le saladier, ajouter les bâtonnets de céleri aux pommes puis arroser le tout de sauce. Bien remuer, décorer avec les feuilles tendres et les cœurs de céleri.

Temps de préparation : 20 mn + mise au froid : 2 h 30 mn

Rosé bien frais

Taboulé

Proportions (pour 4 personnes)
250 g de semoule de blé dur fine
1 concombre
5 tomates
4 oignons blancs
2 citrons
3 cuillères à soupe d'huile d'olive
20 feuilles de menthe

1. Trois heures à l'avance, mettre dans un saladier la semoule et l'huile d'olive, bien mélanger et laisser au réfrigérateur pendant une heure.
2. Pendant ce temps, couper en petits dés le concombre et hacher les oignons blancs.
3. Monder les tomates, les partager en deux et les épépiner. Les couper en petits cubes d'un centimètre de côté.
4. Au bout d'une heure, ajouter à la semoule les tomates, le concombre, les oignons et le jus des deux citrons. Laisser reposer 2 heures au réfrigérateur.
5. Au moment de servir, ajouter la menthe ciselée. A.S.

Remarque
Ce plat, d'origine orientale, est devenu un classique des buffets, des traiteurs et des restaurants. Il est d'ailleurs ici présenté par un grand chef. De réalisation facile, il s'adapte à toutes sortes de circonstances, de la réception au simple dîner entre copains où il devient le plat principal.

Salade d'agrumes, p. 112.

Salades à base de poissons ou de crustacés

Salade d'écrevisses de rivière, p. 52.

Les salades à base de poissons

Ces compositions aux saveurs marines peuvent constituer une entrée ou un plat principal, selon le dosage des ingrédients. Faisant souvent appel aux langoustines, au saumon fumé ou à de délicats fruits de mer, elles apportent un indéniable raffinement aux repas. Sans oublier le homard et la langouste, qui font, eux, partie des menus de fêtes !
Ayant beaucoup inspiré nos grands chefs, ces salades sont celles qui présentent le plus de nouveauté en matière de mélange et d'harmonie de saveurs. On n'hésite plus désormais à marier poissons ou coquillages à des ingrédients qui semblaient insolites ou inhabituels. Résultat : une mine d'idées originales pour renouveler les débuts de repas.

Les salades marines

Elles se préparent en saladier et se « remuent », quitte ensuite à les répartir sur des assiettes individuelles. Elles sont de fruits de mer, de poisson, ou de fruits de mer et poissons mélangés.
Pour leur réussite :
1. Choisir fruits de mer ou crustacés comme pour une coupe de cocktail ; en ce qui concerne le poisson, il est mieux qu'il soit cuit par pochage ou à l'huile et non dans une matière grasse figeant au refroidissement ; éviter ceux dont la chair « gélifie » comme la raie ou le turbot.
2. Les sauces sont les mêmes que pour les coupes coktails *(voir p. 45),* avec les mêmes éventuels ajouts aromatisants : mais la sauce peut parfois être remplacée par de la crème fraîche additionnée de jus de citron, salée et poivrée.
3. Du volume peut être donné à la salade en lui incorporant du riz grain long créole ou des pommes de terre cuites au four ou à l'eau avec leur pelure, puis pelées, coupées et assaisonnées pendant qu'elles étaient encore tièdes.
4. Elles peuvent encore être agrémentées par des ajouts divers : salades ciselées, en incluant l'endive à l'éventail des variétés prévues pour les coupes ; autres légumes : brocoli, chou-fleur, haricots verts, tomates ; fruits : notamment pommes en lamelles ou en dés, à condition de prendre soin de les citronner dès qu'elles sont coupées pour qu'elles ne noircissent pas à l'air : les pommes sont agréables en particulier avec les salades de poissons fumés ; des herbes fraîches ciselées ou hachées en abondance ; des rondelles d'œufs durs, des olives noires dénoyautées, des fruits secs (amandes, noisettes, noix) grossièrement concassés.

Temps de préparation : 25 mn
Temps de cuisson : 1 mn

Rosé de Provence

Cressonnière au saumon

Proportions
(pour 4 personnes)

4 escalopes de saumon frais de 70 g
20 g de feuilles de cresson
60 g de cœur de frisée
2 tomates
100 g de saumon fumé
1 filet d'huile d'olive
4 pincées de ciboulette ciselée
sel, poivre du moulin

Vinaigrette *(pour 90 cl)*
10 cl de vinaigre de vin
10 cl de vinaigre de Xérès
15 g de sel
2 g de poivre du moulin
70 cl d'huile (olive, arachide ou autre)

1. Laver et égoutter les feuilles de cresson et les feuilles de frisée.
2. Préparer la vinaigrette, en respectant l'ordre suivant : sel, vinaigre, l'huile et enfin le poivre. La transvaser dans une bouteille.
3. Ébouillanter les tomates (après en avoir retiré la base du pédoncule et entaillé le côté opposé en croix), les peler, les couper en deux et les épépiner. Détailler ensuite la chair en petits dés de 3 millimètres de côté. Réserver.
4. Couper le saumon fumé en dés de 3 millimètres de côté.
5. Ciseler la ciboulette, la réserver au frais dans du papier-film.
6. Prélever 6 cuillères à soupe de vinaigrette et les verser dans un saladier. Y rouler les feuilles de cresson, les ranger en couronne sur le tour de 4 grandes assiettes.
7. Tourner dans la vinaigrette la frisée, la tomate, les dés de saumon fumé. Diviser en 4 parts et disposer au centre des assiettes.
8. Faire chauffer fortement une poêle antiadhésive avec un filet d'huile d'olive. Assaisonner les escalopes de saumon, les faire cuire 30 secondes de chaque côté. Les poser sur la salade, les assaisonner à nouveau légèrement de sel et poivre, les parsemer de ciboulette et servir.

✻ Ne pas oublier de secouer énergiquement la bouteille de vinaigrette avant chaque emploi. J.R.

Temps de préparation : 5 mn
Temps de cuisson : 5 mn

Vin blanc sec

Filets de haddock en salade

Proportions
(pour 4 personnes)

8 filets de haddock
75 cl de lait
200 g de crème fraîche
1/4 de verre de vinaigre de Xérès
quelques branches d'aneth
poivre, pas de sel

1. Faire pocher, dans un plat à poisson, les filets de haddock dans le lait. Surveiller la cuisson, car le haddock cuit très vite.
2. Retirer les filets, les essuyer et les dresser sur le plat de service.
3. Prélever 20 centilitres de lait de cuisson. Lui ajouter la crème, le vinaigre et le poivre.
4. Napper les filets de haddock et parsemer d'aneth en pluches. Réserver au froid jusqu'au moment de servir. P.D.

Temps de préparation : 10 mn
Temps de cuisson : 1 h

Vin blanc sec

Haricots blancs au thon

Proportions
(pour 4 personnes)

500 g de haricots blancs secs
2 oignons nouveaux
1 boîte de thon à l'huile de 250 g
5 brins de persil
5 cuillères à soupe d'huile d'olive
le jus d'un demi-citron
sel, poivre du moulin

1. La veille, laver les haricots, les mettre à tremper.
2. Le jour même, mettre les haricots dans une casserole, les couvrir largement d'eau froide, les faire cuire à feu doux, une heure environ, jusqu'à ce qu'ils soient tendres. Saler dès que l'eau bout, et ne pas couvrir la casserole.
3. Lorsque les haricots sont cuits, les égoutter dans une passoire, les mettre dans un saladier.

4. Éplucher les oignons, les couper en fines rondelles et ajouter celles-ci aux haricots.
5. Ouvrir la boîte de thon, égoutter celui-ci et l'effeuiller dans le saladier.
6. Faire la sauce avec l'huile d'olive, le jus de citron et le persil, la verser sur le saladier et bien mélanger.

Temps
de préparation :
45 mn en tout
Temps de cuisson :
2 h 53 mn en tout

Pouilly fumé

Homard tiède sur petites salades maraîchères

Proportions
(pour 4 personnes)

Nage de légumes
120 g de carottes
100 g de poireaux
100 g de céleri
120 g d'oignons
25 cl de vin blanc
1 bouquet garni
15 g de sel
3 g de poivre concassé

Américaine
50 g d'oignons,
50 g de carottes et
30 g de poireaux épluchés
20 g de céleri
1 gousse d'ail
200 g de tomates
30 g de concentré de tomate
1 œuf de beurre
5 cl de cognac
25 cl de vin blanc
50 cl de nage de légumes
1,5 l d'eau (ou de fumet de poisson)
1 bouquet garni
10 g de poivre concassé

Salade
4 homards de 350 g
100 g de salade mélangée
100 g de champignons de Paris
100 g de haricots verts
20 g de beurre
1/2 citron
sel, poivre

Vinaigrette
3 jaunes d'œufs
25 cl de vinaigre d'alcool
10 cl d'huile d'olive
sel, poivre

À l'avance

1. Préparer la nage de légumes : éplucher et laver tous les légumes, les émincer assez finement, les mettre dans une grande casserole avec un litre et demi d'eau froide. Porter à ébullition, écumer, puis ajouter le bouquet garni, le sel, le poivre et enfin le vin blanc. Cuire 45 mn à petite ébullition, en écumant régulièrement. Passer au chinois fin dans une grande marmite.
2. Laver les homards, les faire cuire 8 minutes dans la nage de légumes à faible ébullition.
3. Réserver la nage. Séparer les têtes, les pinces et les queues.
4. Préparer l'américaine : dans une grande casserole, faire revenir tous les légumes, sauf les tomates, avec le beurre, en donnant une légère coloration.
5. Concasser les têtes de homard avec un couteau et les ajouter aux légumes. Cuire 10 minutes à feu moyen.
6. Déglacer avec le cognac et flamber, ajouter le vin blanc et laisser réduire à sec.
7. Ajouter alors la tomate concentrée, les tomates fraîches et la gousse d'ail. Laisser cuire jusqu'à ce que l'eau rendue soit évaporée. Mouiller alors avec la moitié de la nage restante et un litre et demi d'eau (ou du fumet de poisson si l'on en dispose). À ébullition, écumer et cuire 1 heure 30 minutes. Laisser ensuite infuser une demi-heure hors du feu et passer au chinois fin.
8. Décortiquer les pinces, les jointures et les queues de homard, délicatement, pour les garder entières. Conserver les bouts de carcasse des queues pour le dressage. Réserver au réfrigérateur.

Au moment même

9. Équeuter et cuire les haricots verts à l'eau bouillante salée en les tenant légèrement croquants ; les rafraîchir dans la glace, puis les couper en bâtonnets de 3 centimètres de long.
10. Ne conserver que les têtes des champignons de Paris, laver celles-ci et les couper en fines lamelles, les arroser de jus de citron pour éviter qu'elles ne noircissent.
11. Prélever 50 centilitres de sauce américaine et laisser réduire de moitié, lui incorporer 20 grammes de beurre ; rectifier l'assaisonnement. Maintenir au chaud au coin du feu.
12. Chauffer les pinces, jointures et queues de homard dans le reste de nage, en évitant l'ébullition.
13. Préparer la vinaigrette : mettre les 3 jaunes d'œufs dans un saladier, ajouter le vinaigre, une pincée de sel et poivre. Monter à l'huile d'olive en la versant en un fin filet, comme pour une mayonnaise. Rectifier l'assaisonnement, émulsionner au mixeur.
14. Assaisonner la salade, les haricots verts et les champignons avec la vinaigrette.

15. Répartir la salade dans quatre assiettes plates avec les haricots verts et les champignons par-dessus.
16. Couper les queues de homard en médaillons et les disposer, ainsi que les pinces et les jointures, sur les salades en essayant de reconstituer la forme première des homards : pour cela, utiliser également les petits bouts de queues réservés en début de recette.
17. Napper très légèrement de sauce américaine chaude, servir tiède.

Remarque
Cette délicieuse recette est assez longue à préparer, mais ne présente aucune difficulté majeure. Elle peut d'ailleurs se commencer à l'avance, ce qui permettra de n'y consacrer au dernier moment que le temps de la finition et du dressage.

M. et J.M. L.

Une variante : les coupes cocktails

Ce sont des présentations de fruits de mer, coquillages et crustacés notamment, servies en coupes à champagne ou à glace, en mini-saladiers ou encore en petits bols chinois. Leur présentation peut varier à l'infini selon le goût ou selon la nature des produits dont on dispose, l'essentiel étant de flatter l'œil, en associant les couleurs, et le palais, en jouant avec la sauce. Pour réussir une coupe cocktail :

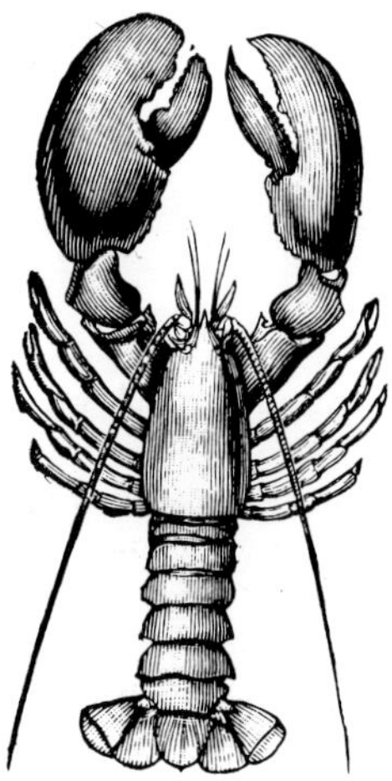

1. *Garnir le fond de la coupe d'une chiffonnade de salade, c'est-à-dire de salade ciselée, laquelle doit être tendre, même dans les variétés croquantes. Au choix : chicorée frisée, laitue, romaine, scarole, trévise ou véronne, voire cresson, mâche, etc.*

2. *Les fruits de mer sont disposés sur ce lit de verdure : coques, huîtres, moules, palourdes, praires, coquilles Saint-Jacques émincées, ou crabes de toute nature, crevettes grises ou roses, homard, langouste, langoustines. Les fruits de mer doivent être nettoyés, certaines espèces peuvent être crues : coques, coquilles Saint-Jacques, souvent marinées, sinon leur chair est pochée dans sa propre eau lors de l'ouverture sur feu vif. Les écrevisses et langoustines peuvent également être crues, mais obligatoirement marinées, les autres crustacés doivent être cuits. Les coupes cocktails sont la bonne occasion d'utiliser la chair des pattes des gros crustacés.*

3. *La sauce doit couvrir les fruits de mer, l'ensemble ne devant pas être mélangé : mayonnaise, andalouse, chantilly, tartare, vinaigrette moutardée ou non, ravigote simple. La mayonnaise nature peut être agrémentée d'un ajout de cayenne, de tabasco, de worcestershire sauce, voire de whisky, remplaçant le vinaigre.*

4. *Enfin, pour la touche finale destinée à l'œil, quelques herbes fraîches ciselées ou hachées, un peu d'œuf dur passé à la moulinette, ou un nuage de paprika peuvent être parsemés en surface.*

Remarque
Pour un service spectaculaire, ou lorsqu'il fait chaud, la coupe cocktail peut être présentée dans un récipient légèrement plus grand contenant de la glace pilée.

Temps de préparation : 1 h
Temps de cuisson :
moules : 2 mn
+ 3 mn de repos

Muscadet

Moules en boléro

Proportions
(pour 4 personnes)

120 petites moules de bouchot (environ 1 kg)
3 échalotes
1 petit oignon
1 bouquet garni (vert de poireau, thym, céleri)
1 grosse noix de beurre
sel, poivre du moulin
4 côtes de céleri
2 tomates
1 avocat
4 cuillères à thé pleines de mayonnaise
(Recettes de base, *p. 93*)
2 brins d'estragon
2 brins de cerfeuil
1/2 botte de ciboulette
vinaigre de vin
citron

Sauce
1 cuillère à soupe de vinaigre de Xérès
1 goutte de tabasco
1 cuillère à soupe d'eau
1 pointe de couteau de curry
3 grosses cuillères à soupe de mayonnaise
(Recettes de base, *p. 93*)

1. Laver les moules en les brossant et en les grattant dans l'évier plein d'eau froide. Les égoutter, les mettre dans une cuvette, les poivrer en les secouant pour bien répartir le poivre.
2. Peler l'oignon et les échalotes, les débiter en tout petits dés de 3 millimètres de côté.
3. Dans une grande marmite, mettre le beurre, l'oignon et l'échalote, ainsi qu'une pincée de sel, porter sur feu moyen pour faire suer les légumes, sans coloration. Mouiller ensuite avec le vin blanc, ajouter le bouquet garni et faire bouillir à grand feu et à couvert, pendant une minute. Verser alors les moules poivrées dans la marmite, laisser cuire 2 minutes à couvert, en remuant plusieurs fois. Retirer la marmite du feu et laisser reposer, toujours à couvert, pendant 3 minutes.
4. Égoutter les moules dans une passoire en récupérant le jus de cuisson. Filtrer celui-ci, le réserver.
5. Décoquiller les moules, les ébarber.
6. Préparer la mayonnaise.
7. Peler les côtes de céleri, les couper en deux dans l'épaisseur, puis en julienne de 2 millimètres de section, et ensuite en brunoise, c'est à dire en minuscules petits dés de 2 millimètres de côté. En mesurer une cuillère à soupe par personne, arroser avec quelques gouttes de jus de citron et mettre en attente dans une petite boîte hermétique. Faire de même avec l'avocat.
8. Émonder les tomates, les couper en deux, les épépiner et débiter la chair en brunoise de même format que les précédentes. En mesurer une cuillère à dessert par personne, arroser avec quelques gouttes de vinaigre de vin, réserver.
9. Mettre dans une casserole 7 cuillères à soupe d'eau de cuisson des moules et une grosse pointe de couteau de curry. Donner un bouillon, juste pour dissoudre le curry, et retirer du feu.
10. Verser dans un bol 3 grosses cuillères à soupe de mayonnaise, liquéfier celle-ci en y versant, à travers une passoire à thé, l'eau au curry. Ajouter alors une petite cuillère à soupe de vinaigre de Xérès, une goutte de tabasco ; si nécessaire, rectifier la consistance avec une cuillère d'eau, de manière à obtenir une sauce bien fluide. Garder en attente au frais.
11. Ciseler les fines herbes. Compter une cuillère à thé rase de mélange par personne, soit en tout 4 cuillères rases contenant en parties égales : estragon, cerfeuil et ciboulette. Conserver à l'abri de l'air. Préparer à part une grosse cuillère à soupe de ciboulette.
12. Débarrasser les moules dans un saladier, ajouter 4 cuillères à thé bien pleines de mayonnaise épaisse, 4 cuillères à thé rases de fines herbes, 8 petites cuillères à soupe de mayonnaise liquide et beaucoup de poivre du moulin.
13. Poivrer les brunoises de légumes, mais ne les saler qu'au dernier moment, pour qu'elles ne rendent pas d'eau.
14. Pour chaque convive : napper le fond d'une grande assiette avec 3 cuillères à soupe de mayonnaise liquide (incliner l'assiette dans tous les sens pour bien répartir la sauce et n'en avoir qu'une fine pellicule, mais sur tout le fond de l'assiette !). Essuyer le bord de l'assiette. Au centre de celle-ci, disposer les 3 brunoises en tas allongés, en formant une étoile à trois branches. Disposer les moules en 3 tas ronds, entre les légumes et plutôt vers l'extérieur de l'assiette. Garnir chaque tas de moules avec une pincée de ciboulette, saler les légumes et servir. J.R.

Salade de lapereau, grenouilles et mousserons, p. 86.

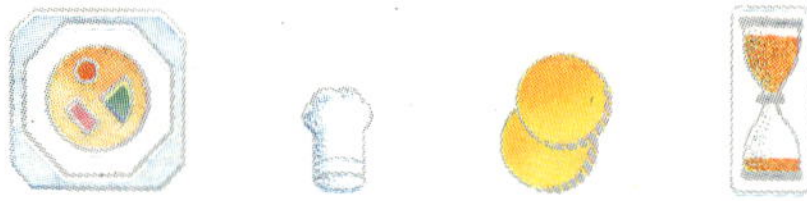

Temps
de préparation :
20 mn

Bière

Petite salade fumée

Proportions
(pour 4 personnes)

200 g de jeunes et petites feuilles d'épinards crus équeutées et lavées
une petite vingtaine de tiges de ciboulette nettoyées et lavées
160 g de saumon fumé (les bas-côtés sont bons)
6 cuillères à potage de mayonnaise
sel, poivre du moulin

1. Découper le saumon fumé en petits morceaux de 5 millimètres de côté.
2. Ciseler la ciboulette.
3. Bien égoutter les épinards.
4. Dans un saladier, mélanger les épinards, la moitié de la ciboulette et la mayonnaise. Rectifier en sel (attention au saumon fumé, qui est déjà salé) et en poivre.
5. Dresser sur 4 assiettes froides.
6. Partager les morceaux de saumon fumé sur ces salades et parsemer le reste de ciboulette par-dessus le tout.

P.W.

Temps
de préparation :
21 mn en tout
Temps de cuisson :
23 mn en tout

Muscadet

Salade bretonne

Proportions
(pour 4 personnes)

12 huîtres
4 grandes feuilles de laitue
3 pommes de terre moyenne
8 cuillères à soupe de sauce mayonnaise
(Recettes de base, *p. 93*)
1 cuillère à soupe d'huile
le jus d'un demi-citron
poivre
court-bouillon
(Recettes de base, *p. 79*)
8 langoustines

1. Faire pocher les langoustines dans le court-bouillon (ou à défaut dans de l'eau salée et bien poivrée) pendant 3 minutes. Les réserver.
2. Ouvrir soigneusement les huîtres et faire pocher les chairs pendant 3 minutes à l'eau tout juste frémissante avant de les ébarber puis de les égoutter.
3. Faire cuire les pommes de terre à l'eau dans leur peau, les éplucher et les couper en petits dés.
4. Redresser légèrement les bords des feuilles de laitue pour leur donner la forme d'une coquille ; mettre au centre de chacune de ces feuilles une portion de pomme de terre bien enrobée de sauce mayonnaise, poser dessus 3 huîtres assaisonnées d'huile, de poivre et de jus de citron.
5. Disposer ces coquilles de laitue sur le tour d'un plat rond, et mettre au centre les langoustines.

R.M.

Temps
de préparation :
40 mn en tout
Temps de cuisson :
7 à 8 mn

Armagnac
blanc glacé

Salade buissonnière aux poissons fumés

Proportions
(pour 4 personnes)

120 g de saumon fumé
120 g d'esturgeon fumé
1 cuillère à café d'huile d'olive
60 g de carottes et
60 g de céleri-rave
épluchés et taillés en julienne (bâtonnets de 3 cm de longueur sur 1/2 cm de section)
1 gousse d'ail écrasée mais non pelée

1. Étaler la julienne de carottes et de céleri-rave dans le fond de la casserole plate. Ajouter l'ail, les 8 grains de poivre et recouvrir des 40 centilitres d'huile d'olive. Porter à ébullition et laisser cuire à frémissements pendant 10 minutes, laisser refroidir, égoutter la julienne et réserver le bain de cuisson pour un autre usage.
2. À l'aide d'un couteau souple, trancher finement le saumon et l'esturgeon fumés, et les détailler chacun en 24 petites escalopes-copeaux ; les ranger au fur et à mesure sur une grande assiette plate, et les badigeonner très légèrement d'huile d'olive, au pinceau, pour les faire briller.
3. Éplucher les différentes salades au couteau d'office, les laver soigneusement à l'eau fraîche, les égoutter à l'essoreuse, puis sur un linge.

8 grains de poivre
40 cl d'huile d'olive
8 g de racine de gingembre
ou de zeste de citron
1 cuillère à soupe d'échalote hachée
48 grains de poivre vert
4 cuillères à soupe de pluches
de cerfeuil ou de persil plat
24 baies de groseilles (facultatif)
8 cl de vinaigrette gourmande
(voir « Salade gourmande », *p. 83*)

Mélange de salades
10 g de mâche, soit 4 petits bouquets
10 g de batavia rouge, soit 8 feuilles
10 g de cresson effeuillé, soit 1 petite poignée
20 g de salade frisée
ou de pourpier
2 petits avocats très mûrs

voir photo p. 82

4. Éplucher les avocats avec un petit couteau pointu ; les couper en deux, en extraire le gros noyau, puis les trancher chacun en 8 quartiers de lune ; les assaisonner dans le fond d'une assiette avec 1/3 de la sauce vinaigrette gourmande.
5. Tailler en fine julienne de 1 millimètre de section les 8 grammes de gingembre ou de zeste de citron ; si l'on emploie ce dernier, il y aura lieu de blanchir sa julienne à l'eau bouillante pendant 7 à 8 minutes.
6. Mélanger les salades de mâche, batavia, cresson, frisée ou pourpier, les assaisonner du restant de sauce vinaigrette gourmande et de l'échalote hachée.
7. Ranger les copeaux d'esturgeon et de saumon fumés en rond, tout autour du bord intérieur des assiettes ; parsemer le saumon des grains de poivre vert.
8. Disposer, à l'intérieur de ce premier cercle et en couronne, les quartiers de lune d'avocats assaisonnés.
9. Monter à l'intérieur de ces deux cercles des salades en forme de buisson. Décorer en plantant, çà et là, les bâtonnets de légumes confits. Parsemer des pluches de cerfeuil et des baies de groseilles qui ajoutent gaiement leur note de couleur à cette salade.

Remarque
Les harengs à l'huile et roll-mops ne manquent pas de charme pour réaliser cette recette et remplacer d'une manière économique saumon et esturgeon. Cette salade est délicieuse accompagnée d'une grande tartine de pain de campagne grillée et enduite d'un mélange de crème fouettée et de raifort râpé. M.G.

Temps
de préparation :
25 mn

Rosé
de
Provence

Salade de concombre au poisson fumé

Proportions
(pour 4 personnes)

1 concombre
1 cuillère à soupe de moutarde
1/2 cuillère à soupe de raifort
2 escalopes de saumon fumé
2 truites fumées
1/2 filet d'anguille fumé
4 cuillères à soupe de crème
1 botte de ciboulette
sel, poivre

1. Éplucher le concombre, le couper en deux et retirer les pépins avec une petite cuillère. Le couper en fines lamelles de 2 millimètres d'épaisseur.
2. Dans un saladier, fouetter ensemble crème, moutarde, raifort, sel, poivre.
3. Incorporer ensuite les lamelles de concombre bien épongées.
4. Mettre cette salade au centre d'une assiette. Disposer tout autour les 3 poissons fumés finement escalopés. Parsemer de ciboulette juste avant de servir.

✵ Le mélange concombre-crème doit se faire au dernier moment. A.S.

Temps
de préparation :
25 mn
Temps de cuisson :
10 mn

Muscat
d'Alsace

Salade de coquilles Saint-Jacques et de mâche au céleri frit

Proportions
(pour 4 personnes)

12 coquilles Saint-Jacques
(2,500 kg) ou 12 noix avec corail
préparées par le poissonnier

1. Préparer les coquilles Saint-Jacques : choisir des coquilles bien fermées, pas trop grosses et propres. Attention au sable, qui pèse lourd dans la balance. Pour les ouvrir : poser la coquille sur un torchon, la partie plate sur le dessus ; glisser la pointe d'un bon couteau entre les deux coquilles ; sectionner le

100 g de mâche ronde maraîchère
1 échalote
3 cl de vin blanc sec
1 noix de beurre
20 feuilles de céleri
quelques feuilles d'aneth
sel, poivre

Vinaigrette
1 cuillère à soupe d'huile d'arachide
2 cuillères à soupe d'huile d'olive
le jus d'un citron
quelques feuilles d'aneth
sel, poivre

muscle à l'intérieur ; relever la partie plate et séparer les deux coquilles. Remplir un récipient d'eau à ras bord ; prendre la coquille contenant le muscle à l'envers et frotter énergiquement sur la surface de l'eau, le sable contenu dans les barbes va tomber au fond du récipient.
Séparer ensuite les chairs des barbes (qui peuvent servir à faire un bon fumet). Détacher les noix à l'aide de la pointe d'une spatule en inox et les réserver sur assiette au froid avec les coraux.
2. Nettoyer, laver soigneusement la mâche et l'égoutter.
3. Dans un bol, dissoudre le sel et le poivre avec le jus du citron ; verser les deux huiles et ajouter quelques feuilles d'aneth.
4. Dans une sauteuse plate, fondre la noix de beurre, ajouter les coquilles Saint-Jacques et les faire colorer sur les deux faces.
Ôter les noix des coquilles de la sauteuse, la dégraisser, ajouter l'échalote hachée. Après l'avoir fait suer en remuant avec une cuillère, ajouter le vin blanc et 10 centilitres d'eau. Porter à ébullition ; écumer et rectifier le goût. Remettre les coquilles Saint-Jacques et les coraux dans la sauteuse ; compter 2 minutes de cuisson et les égoutter sur une assiette.
5. Essuyer les feuilles de céleri et plonger dans la friture à 180 °C ; les égoutter aussitôt sur un papier absorbant.
6. Arranger en rond les feuilles de mâche sur les assiettes. Couper, à l'aide d'un couteau fin, les noix de coquilles Saint-Jacques encore tièdes en lamelles très fines, translucides.
Les tremper dans la vinaigrette et les arranger en cercle sur la mâche (comme une tarte aux pommes).
Disposer les coraux au centre et décorer avec le céleri frit et quelques pluches de cerfeuil.

J.B.

Temps
de préparation : 25 mn
Temps de cuisson :
courgettes : 1 mn
écrevisses : 2 mn

Sauvignon,
côtes-de-duras

Salade de courgettes aux écrevisses

Proportions
(pour 4 personnes)
4 courgettes bien fermes
et bien vertes
4 tomates
48 écrevisses
quelques feuilles de basilic
huile d'olive
jus de citron
1 trait de cayenne
sel de céleri
sel, poivre

1. Faire chauffer une casserole d'eau salée.
2. Éplucher les courgettes, les couper en rondelles.
3. Lorsque l'eau bout, y plonger les courgettes une minute, puis les rafraîchir et les égoutter.
4. Ébouillanter les tomates, les rafraîchir, les peler, les épépiner, tailler leur chair en petits losanges.
5. Faire la vinaigrette en lui ajoutant le trait de cayenne, le sel de céleri et le basilic finement ciselé. En réserver la moitié. Avec l'autre moitié, assaisonner les losanges de tomates.
6. Faire chauffer une grande marmite d'eau salée. Lorsqu'elle bout, y jeter les écrevisses, les y laisser 2 minutes.
7. Réserver 8 écrevisses pour la présentation. Séparer les têtes et les queues des 40 autres. Décortiquer les queues, y compris celles des 8 écrevisses réservées.
8. Assaisonner avec la moitié du reste de vinaigrette.
9. Dans chaque assiette, disposer en rond les rondelles de courgette en les faisant se chevaucher d'un tiers, les assaisonner du reste de vinaigrette à l'aide d'un pinceau. Installer les queues au milieu des courgettes, mettre les losanges de tomates autour des courgettes, disposer les 8 écrevisses réservées, à raison de 2 par assiette.

M.T.

Salade de courgettes aux écrevisses.

Temps
de préparation :
25 mn
Temps de cuisson :
14 à 17 mn en tout

Vin rouge
léger
servi frais

Salade d'écrevisses de rivière

Proportions
(pour 4 personnes)

400 g de haricots verts très fins
12 pointes d'asperges fraîches
(ou de conserve)
1 échalote hachée
50 g de salade rouge (trévise)
32 écrevisses
1 l d'eau salée
sauce homardière
(voir p. 60)

Sauce rose
2 jaunes d'œufs
2 cuillères à soupe de ketchup
1 cuillère à café de moutarde
de Dijon
1 cuillère à soupe d'huile
de paraffine
1 cuillère à soupe d'huile d'olive
4 cuil. à soupe de fromage blanc 0 %
sel, poivre
1 cuillère à soupe de légumes
de la nage
(voir p. 61)
1 cuillère à soupe de cerfeuil haché
4 écrevisses entières

voir photo p. 40

1. Cuire 4 minutes, à gros bouillons, les écrevisses dans la nage ou simplement à l'eau salée. En décortiquer les queues. Ouvrir 4 écrevisses entières pour la décoration.
2. Équeuter les haricots verts, les laver et les cuire *al dente.* Si elles sont fraîches, cuire également les pointes d'asperges, coupées à 4 cm de long. Cuisson de 3 à 5 minutes. Pendant ce temps, faire la vinaigrette (*voir « Salade des prés »,* p. 36).
3. Assaisonner haricots et asperges dans un saladier avec l'échalote hachée et 6 cuillères à soupe de sauce vinaigrette.
4. Disposer la salade, lavée et essorée, dans le fond des assiettes plates. Monter dessus, en dôme, les haricots verts et planter de-ci, de-là les pointes d'asperges.
5. Parsemer des queues d'écrevisses que l'on recouvre, à l'aide d'une cuillère à café, de sauce homardière ou sauce rose.
6. Décorer le dôme des légumes de la nage et du cerfeuil haché, déposer l'écrevisse entière à cheval sur la salade. M.G.

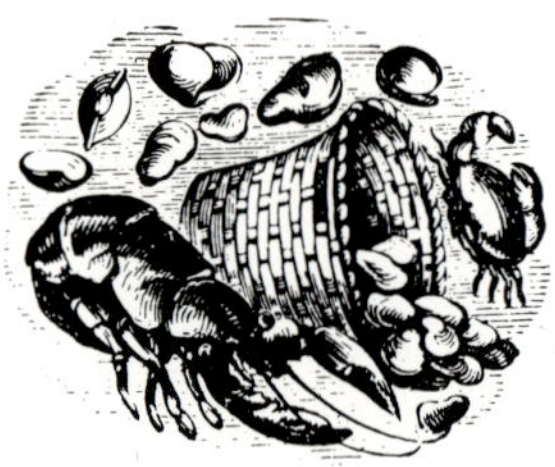

Temps
de préparation :
30 mn
Temps de cuisson :
5 mn

Crépy
de Savoie

Salade grenobloise

Proportions
(pour 6 personnes)

1,500 l de moules
100 g de miettes de thon à l'huile
200 g de saumon au naturel
1 pamplemousse
200 g de crevettes décortiquées
100 g de cerneaux de noix
quelques feuilles de salade
25 cl d'huile, moitié de noix, moitié
d'arachide
1 œuf
2 cl de cognac
paprika
sel, poivre

1. Gratter et laver les moules, les faire s'ouvrir dans une sauteuse. Les égoutter, les sortir de leurs coquilles.
2. Égoutter les miettes de thon et le saumon. Ôter la peau et les arêtes du saumon, détailler la chair en morceaux.
3. Peler le pamplemousse à vif. Détacher les quartiers de chair entre les peaux, les couper par moitié.
4. Préparer la sauce : monter une mayonnaise avec l'œuf entier, la moutarde et l'huile. Lorsqu'elle est bien prise, incorporer le cognac et une pincée de paprika. Rectifier l'assaisonnement.
5. Tapisser le fond et le pourtour d'un saladier avec les feuilles de salade. Remplir ensuite avec les moules, le thon, le saumon, les crevettes et le pamplemousse. Réserver 6 cerneaux de noix, piler les autres et en saupoudrer la salade ; poivrer.
6. Au moment de servir, verser la sauce sur la salade et mélanger délicatement. Garnir avec les cerneaux de noix réservés. Servir bien frais.

Temps
de préparation :
20 mn
Temps de cuisson :
œufs : 1 mn chacun

Vin blanc
pétillant
de Savoie

Salade de haddock aux épinards

Proportions
(pour 4 personnes)
300 g d'épinards
400 g de haddock (4 petits filets)
2 citrons
4 œufs
2 échalotes
5 cl de vinaigre

Vinaigrette
10 cl d'huile d'olive
3 cuillères à soupe de vinaigre de vin
1 cuillère à café de moutarde
sel, poivre, moutarde, vinaigre

1. Équeuter et laver les épinards
2. À l'aide d'un couteau à lame fine, faire de fines tranches de haddock.
3. Presser les deux citrons. Dans leur jus, faire mariner les tranches de haddock pendant 12 minutes.
4. Hacher finement les échalotes.
5. Faire la vinaigrette.
6. Essorer les épinards.
7. Mettre une sauteuse remplie d'eau à chauffer avec 5 centilitres de vinaigre.
8. Retirer le haddock de la marinade.
9. Lorsque l'eau bout, y pocher les œufs un par un pendant une minute chacun. Les égoutter sur un linge. Les parer avec un petit couteau pour leur donner une jolie forme ovale.
10. Assaisonner les épinards de vinaigrette.
11. Sur chaque assiette, dresser les épinards au centre. Tout autour, disposer les filets de haddock crus, assaisonnés, et sur le dessus, un œuf poché. Servir aussitôt.

A.S.

Temps
de préparation :
20 mn
Temps de cuisson :
7 à 17 mn en tout

Muscadet

Salade de haricots verts aux gastéropodes

Proportions
(pour 4 personnes)
court-bouillon
(Recettes de base, *p. 79*)
600 g de haricots verts fins épluchés
240 g de coquillages : bulots, bigorneaux, patelles
8 pièces de champignons de Paris
1 échalote
4 cuillères de crème fraîche
1 citron et demi
ciboulette
sel, poivre

1. Cuire les coquillages 3 à 5 minutes dans un court-bouillon très relevé. Les laisser refroidir dans leur cuisson, puis retirer la chair de la coquille en prenant bien soin d'enlever les intestins.
2. Cuire les haricots craquants et très verts selon la méthode habituelle.
3. Parer, laver et émincer les champignons, assez épais. Les citronner, afin qu'ils gardent leur blancheur.
4. Dans un bol, mélanger, dans l'ordre, le jus du demi-citron, le sel, le poivre et la crème.
5. Regrouper tous les ingrédients dans un saladier, y compris l'échalote hachée. Napper de la sauce et mélanger délicatement.
6. Servir à même le saladier ou dresser dans l'assiette au dernier instant, après avoir parsemé de ciboulette, fraîchement coupée.

Remarque
On peut apporter des variantes à cette recette en utilisant des moules, des crustacés, ou même les deux.

P. et M.T.

Temps
de préparation :
35 mn
Temps de cuisson :
27 à 28 mn en tout

Sancerre

Salade d'herbes du jardin et de poissons de mer

Proportions
(pour 4 personnes)

100 g de saumon frais
100 g de turbot
100 g de lotte
30 cl de fumet de poisson
(Recettes de base, *p. 82*)
20 cl de vin blanc
60 g de beurre
40 jeunes feuilles d'épinards
100 g de mâche
100 g de cresson
2 cuillères à soupe de cerfeuil, estragon, basilic et aneth hachés
2 cuillères à soupe de vinaigre de Xérès
6 cuillères à soupe d'huile d'olive
4 pluches de cerfeuil
sel, poivre

1. Préparer les salades. Retirer les tiges des petites feuilles d'épinards vert tendre. Effeuiller le cresson et la mâche. Laver le tout bien soigneusement. L'égoutter.
2. Effeuiller, laver, sécher les fines herbes, les hacher.
3. Préparer la vinaigrette dans un bol avec le vinaigre de Xérès et l'huile d'olive, ajouter les fines herbes hachées.
4. Préparer les poissons. Retirer la peau et les arêtes des morceaux de poisson. Escaloper chaque morceau de poisson en quatre.
5. Ranger les escalopes de poisson dans un plat. Saler et poivrer légèrement. Mouiller de fumet de poisson et de vin blanc. Couvrir le plat d'un papier sulfurisé beurré, mettre sur le feu. Porter à ébullition et laisser frémir doucement pendant 5 à 6 minutes. Retirer le plat du feu.
6. Verser la cuisson dans une casserole. Laisser les poissons au chaud à l'entrée du four, dans le plat couvert du papier.
7. Porter la cuisson des poissons à ébullition et faire réduire des trois quarts. Monter ensuite la sauce en incorporant le beurre morceau par morceau, en fouettant pour avoir une sauce onctueuse. Rectifier l'assaisonnement. Tenir au chaud dans un bain-marie.
8. Garnir quatre grandes assiettes de feuilles d'épinards, les bouts arrondis vers le centre de l'assiette. Parsemer le reste des salades en ménageant un nid au centre de l'assiette. Battre un peu la vinaigrette et assaisonner les salades. Disposer agréablement les poissons dans leur nid, les napper de sauce. Terminer avec une pluche de cerfeuil. Servir aussitôt. R.G./M.J.

Temps
de préparation :
30 mn
Temps de cuisson :
huîtres : 1 mn

Muscadet

Salade d'huîtres

Proportions
(pour 4 personnes)

1 laitue
80 g de céleri-branche en petits dés très fins (brunoise)
40 g d'échalotes hachées très fines
1 branche de coriandre fraîche
5 cl de vin blanc
2 tomates
32 huîtres fines de claire

Mayonnaise
1 jaune d'œuf
10 cl d'huile d'olive
1 cuillère à café de moutarde blanche
1 cuillère à café de vinaigre de vin
sel, poivre

1. Ouvrir les huîtres, les décortiquer et filtrer le jus dans un linge.
2. Monter la mayonnaise, la détendre avec la moitié du jus d'huîtres ; ne la saler qu'après.
3. Éplucher, laver et essorer la laitue, la tailler en petites lanières d'un centimètre, après en avoir superposé les feuilles.
4. Dans un saladier, mélanger la laitue et la brunoise de céleri.
5. Monder les tomates, les peler, les épépiner, les couper en dés, les ajouter à la laitue et au céleri.
6. Dans une sauteuse, faire bouillir le vin blanc avec les échalotes et l'autre moitié du jus d'huîtres. Y plonger les huîtres une minute. Les sortir avec une écumoire, les égoutter.
7. Dans le saladier où se trouvent déjà la laitue, le céleri et les dés de tomate, ajouter les huîtres et la mayonnaise. Mélanger et dresser sur des assiettes individuelles (en respectant 8 huîtres par personne). A.S.

Salade moulée aux écrevisses en trompe l'œil, p. 57.

Temps de préparation : 20 mn
Temps de cuisson : 2 mn
Quincy

Salade de lotte au poivre vert

Proportions
(pour 4 personnes)

480 g de médaillons de lotte dans la queue
240 g de salade mélangée
5 tomates bien mûres, en petits dés

Vinaigrette
2 cuillères à café de poivre vert
le jus d'un citron
6 cuillères à soupe d'huile d'olive
1 cuillère et demie à soupe de vinaigre de vin vieux
1 petite botte de coriandre

1. Monder les tomates, les peler, les couper en deux et les presser doucement pour faire sortir l'eau et les graines. Les couper en petits dés.
2. Mettre le poivre vert dans une sauteuse avec 2 décilitres d'eau, porter à ébullition, l'égoutter.
3. Faire la vinaigrette avec l'huile d'olive, le vinaigre, la coriandre hachée, le jus de citron et le poivre vert. En prélever les deux tiers, que l'on verse sur les dés de tomate mis dans un plat. Mélanger le tout et réserver au réfrigérateur.
4. Faire chauffer la poêle avec l'huile d'olive.
5. Assaisonner les médaillons de lotte et les faire saisir dans la poêle, une minute de chaque côté. Les égoutter sur un papier absorbant.
6. Avec le tiers restant de vinaigrette, assaisonner la salade. Disposer celle-ci au centre de chaque assiette, mettre autour les médaillons de lotte et parsemer de tomates et de poivre vert en vinaigrette. Servir aussitôt. A.S.

Temps de préparation : 15 mn
Temps de cuisson : haricots : 15 mn
œufs durs : 8 mn
Eau

Salade mélangée aux tomates

Proportions
(pour 6 personnes)

6 tomates moyennes
200 g de crevettes décortiquées
2 œufs durs
350 g de haricots verts
1 petit poivron rouge
mayonnaise (Recette de base, *p. 93*)
ketchup
tabasco

voir photo p. 62

1. Porter à ébullition une grande casserole d'eau bouillante salée. Y plonger les haricots verts et les laisser cuire 15 minutes à partir de la reprise de l'ébullition.
2. Pendant ce temps, ôter le chapeau des tomates. Vider celles-ci à l'aide d'une petite cuillère, les saupoudrer de sel fin à l'intérieur, les retourner sur une assiette pour qu'elles rendent toute leur eau.
3. Faire durcir les œufs 8 minutes dans l'eau bouillante.
4. Faire la mayonnaise, lui incorporer une cuillère à soupe de ketchup et 2 gouttes de tabasco.
5. Égoutter les crevettes, les verser dans un saladier.
6. Égoutter les haricots verts, les passer à l'eau froide, les couper en petits tronçons et les ajouter aux crevettes.
7. Laver le poivron, l'essuyer, l'ouvrir. Ôter le pédoncule, les graines et les filaments blancs ; le découper en fines lamelles, ajouter celles-ci aux haricots.
8. Écaler les œufs durs, les couper en tranches.
9. Incorporer la mayonnaise au contenu du saladier, bien mélanger.
10. Retourner les tomates, les garnir d'une partie de la salade. Les dresser sur le pourtour d'un grand plat rond, en alternant avec les tranches d'œuf dur. Disposer le reste de la salade au centre du plat. Servir aussitôt.

Temps
de préparation :
1 h
Temps de cuisson :
13 mn en tout

Bandol blanc

Salade moulée aux écrevisses en trompe l'œil

Proportions
(pour 4 personnes)

32 écrevisses (1 kg)
100 g de haricots verts
4 tomates bien rouges
1 salade frisée
3 cuillères à soupe d'huile de noix
1 cuillère à soupe de vinaigre
1 cuillère à soupe de moutarde de Dijon
8 cuillères à soupe de crème fraîche épaisse
2 citrons
1 carotte assez grosse et longue
1 branche de cerfeuil ou basilic
sel, poivre

voir photo p. 55

1. Retirer le boyau de chaque écrevisse en leur ôtant la nageoire centrale d'un coup sec et rapide. Rincer les écrevisses à l'eau courante, les plonger 3 minutes dans une marmite contenant de l'eau bouillante salée. Égoutter et décortiquer, réserver.
2. Remettre une casserole d'eau à chauffer. Pendant ce temps, éplucher la carotte, la couper dans le sens de la longueur en 8 lames bien régulières de 2 millimètres d'épaisseur. Lorsque l'eau bout, y plonger les lames. Lorsqu'elles sont cuites, les plonger dans l'eau glacée, puis les égoutter et les éponger sur un torchon.
3. Plonger les tomates dans de l'eau bouillante pendant 15 secondes, puis aussitôt dans l'eau glacée. Les peler avec la pointe d'un couteau, les couper, les épépiner. Hacher la chair très très finement. Laisser égoutter dans une passoire, afin que la chair des tomates rende toute son eau.
4. Équeuter et cuire les haricots verts à l'eau bouillante salée en les tenant légèrement *al dente*. Les plonger dans l'eau glacée pour les rafraîchir. Les couper en deux et les réserver.
5. Nettoyer et laver la salade frisée. N'employer que le cœur bien jaune, supprimer également les côtes trop dures.
6. Faire une vinaigrette avec une cuillère à soupe de moutarde de Dijon, une de vinaigre de vin et trois d'huile de noix. Assaisonner de sel et poivre.
7. Prendre 4 cercles sans fond, de 12 centimètres de diamètre sur 2 centimètres de hauteur, ou des emporte-pièce unis, non cannelés, de même dimension. À défaut, fabriquer soi-même des cercles en carton rigide.
8. Égaliser les lames de carotte et les tremper dans la vinaigrette.
9. Disposer les cercles au centre de chaque assiette. Tapisser la paroi intérieure de chaque cercle de 2 lames de carotte, en les mettant bout à bout.
10. Dans un saladier, mélanger les queues d'écrevisses décortiquées, la salade frisée, les haricots verts ; assaisonner avec la vinaigrette, juste ce qu'il faut. Saler et poivrer. Égoutter le tout, afin d'éliminer l'excédent de vinaigrette. Garnir l'intérieur de chaque cercle en tassant fortement avec une fourchette, puis recouvrir d'une couche de tomate hachée crue, saler et poivrer. Lisser à l'aide d'une spatule, la tomate doit arriver au ras du moule. Éponger éventuellement les coulées de sauce à l'aide d'une serviette. Ôter alors délicatement les cercles. Il apparaît une galette sertie de carottes, apparemment garnie de tomate en purée.
11. Dans un bol, mélanger 8 cuillères à soupe de crème fraîche avec le jus de 2 citrons, saler et poivrer, entourer chaque cercle de 2 cuillères de crème.
12. Disposer au centre de la galette une belle brindille de cerfeuil ou basilic et servir aussitôt cette salade trompe l'œil, en ayant soin de ne pas dévoiler sa réelle identité aux convives... J.M.

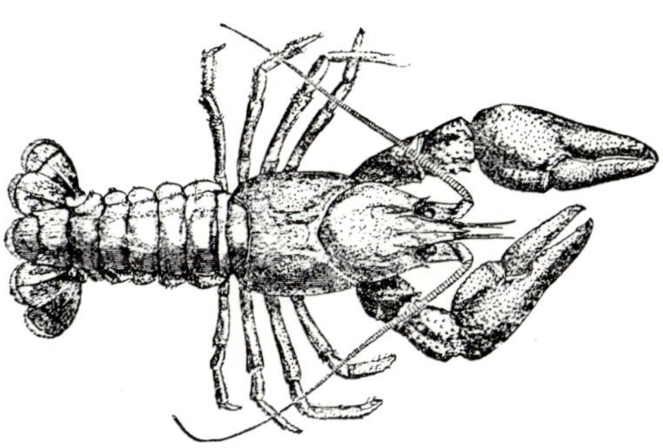

Temps de préparation : 45 mn
Temps de cuisson : 3 mn

Muscadet

Salade de moules aux herbes

Proportions
(pour 4 personnes)

100 petites moules de bouchot cuites
(voir « Moules en boléro », *p. 46*)
4 bonnes cuillères à soupe de mayonnaise
(Recettes de base, *p. 93*)
6 cuillères à soupe de jus de moule
2 gouttes de tabasco
2 cuillères à thé rases de ciboulette ciselée
2 cuillères à thé rases d'estragon haché

1. Faire ouvrir les moules (25 pièces par personne), les décoquiller, conserver la moitié des coquilles.
2. Ébarber les moules, les mettre dans un saladier.
3. Hacher ou ciseler les fines herbes, mesurer 2 cuillères à thé rases de chacune.
4. Préparer 4 bonnes cuillères à soupe de mayonnaise, puis les détendre avec 6 cuillères de jus de cuisson des moules incorporées au fouet. Assaisonner avec 2 gouttes de tabasco et ajouter le mélange de fines herbes.
5. Assaisonner les moules avec 6 cuillères de cette mayonnaise aux herbes. Bien remuer pour que toutes les moules soient enrobées de sauce.
6. Ranger sur un plateau ou une plaque 100 coquilles vides, puis déposer dans chaque coquille une moule assaisonnée et ajouter un tout petit peu de la sauce réservée par-dessus. Mettre le plateau quelques heures au réfrigérateur.
7. Disposer, par personne, 25 moules en rosace sur une grande assiette, et servir en entrée.

Remarque
Ce plat peut également être servi en amuse-gueule, en ne comptant alors qu'une dizaine de moules par personne. J.R.

Temps de préparation : 25 à 45 mn
Temps de cuisson : 20 mn pour le crabe frais

Cassis blanc

Salade de pamplemousse au crabe

Proportions
(pour 2 personnes)

2 pamplemousses (roses si possible, ils sont généralement plus doux)
1 cœur de laitue
1 crabe vivant de 800 g
ou bien 1 boîte de 100 g de crabe d'Alaska ou de Russie
8 cl de crème double (5 cuillères à soupe)
2 cuillères à café de sauce tomate ketchup
1 cuillère à soupe de cognac
1 pointe de poivre de Cayenne ou 3 gouttes de tabasco
sel

1. *Avec un crabe frais :* après l'avoir cuit pendant 25 minutes dans l'eau bouillante salée, le laisser refroidir. Retirer les pinces, les casser sans les écraser avec le dos d'un gros couteau. Récupérer les chairs. Ouvrir le coffre et retirer les chairs. Ôter tous les petits cartilages. Émietter les chairs dans une assiette.
Avec une boîte : là aussi, il faut ôter les cartilages et émietter les chairs sur une assiette.
2. Peler les pamplemousses à vif. Se placer au-dessus d'une assiette et détailler les quartiers en récupérant le jus dans l'assiette. Glisser la lame d'un couteau moyen très tranchant entre chaque quartier, de manière à ne récupérer que des quartiers de chair en laissant la membrane fixée à la partie centrale. Garder les morceaux de pamplemousse dans l'assiette, avec le jus.
3. Nettoyer le cœur de laitue en détachant chaque feuille et en gardant celles-ci entières. Les laver et les sécher sur un linge.
4. Dans un saladier, verser les 8 centilitres de crème double, 2 cuillères à café de ketchup, une cuillère à soupe de cognac, 4 cuillères à soupe de jus de pamplemousse. Ajouter une pointe de couteau de sel, une pincée de poivre de Cayenne ou 3 gouttes de tabasco. Fouetter l'ensemble, jusqu'à ce qu'il devienne épais et mousseux, mais ne pas grainer la sauce par un fouettage prolongé.
5. Prendre deux bols individuels. Garnir les parois des feuilles de laitue. Ranger les tranches de pamplemousse bien égouttées et éparpiller dessus les miettes de crabe. Recouvrir de sauce et servir très frais. R.V.

Salade de moules aux herbes.

Temps
de préparation :
1 h 45 mn en tout
Temps de cuisson :
8 mn en tout

Eau

Salade de pâtes fraîches à l'huile de crustacés et aux palourdes

Proportions
(pour 4 personnes)

1 kg de carcasses d'écrevisses, soit 40 pièces d'écrevisses
1 gousse d'ail
1 échalote
thym, estragon (1 branche de chaque)
laurier
50 cl d'huile d'arachide
1 cuillère à soupe de moutarde à l'ancienne
1 cuillère à soupe de vinaigre de vin rouge
2 douzaines de palourdes
2 tomates bien mûres
500 g de pâtes fraîches
sel, poivre

Huit jours à l'avance

1. Faire sécher les carcasses d'écrevisses (récupérées après que celles-ci ont été utilisées pour une autre préparation), les piler dans un mixeur.
2. Remplir un bocal à moitié de carcasses pilées, ajouter une gousse d'ail, thym, laurier, estragon.
3. Finir de remplir le bocal avec de l'huile d'arachide, fermer hermétiquement, le mettre à stériliser 1 heure.

Le jour même

4. Au bout de 8 jours, filtrer l'huile, qui sera ainsi prête à l'utilisation.
5. Mettre à cuire 500 grammes de pâtes fraîches dans de l'eau bouillante. Les égoutter, les passer à l'eau tiède.
6. Faire cuire les palourdes dans un demi-litre d'eau froide, les décortiquer aussitôt.
7. Dans un saladier, mélanger une cuillère de moutarde à l'ancienne, une cuillère à soupe de vinaigre de vin rouge. Ajouter une échalote hachée, une cuillère à café d'estragon, puis 4 cuillères à soupe d'huile de crustacés.
8. Dans un autre saladier, disposer les pâtes fraîches égouttées, 2 cuillères de tomates crues en dés, 2 douzaines de palourdes décortiquées. Ajouter la vinaigrette d'écrevisse.
9. Mélanger, rectifier l'assaisonnement en sel et poivre. Servir tiède, dans des assiettes individuelles.

J.M.

Temps
de préparation :
1 h 20 mn
Temps de cuisson :
1 h 45 mn

Pouilly-fuissé

Salade pleine mer

Proportions
(pour 2 personnes)

Sauce américaine

1 homard vivant de 800 g
1 cuillère à soupe d'huile d'olive
1 cuillère à soupe d'huile d'arachide
1 cuillère à soupe de beurre froid
2 échalotes, 1 carotte, 1/2 oignon, 1 gousse d'ail
1 bouquet garni avec une petite branche d'estragon
3 tomates fraîches concassées
1 cuillère à soupe de tomate concentrée
3 cuillères à soupe d'armagnac ou de cognac
25 cl de vin blanc
25 cl de fumet de poisson
(Recettes de base, *p. 82*)

La sauce homardière

1. Elle est faite à base de sauce américaine, que l'on prépare à l'avance, comme suit. Détacher la queue et les pinces du homard vivant. Briser ces dernières avec le dos d'un couteau lourd, pour faciliter l'extraction de leur chair après cuisson. Fendre le coffre, ou partie antérieure de l'animal, en deux dans le sens de la longueur. Jeter la poche pierreuse qui se trouve dans le haut de la tête. Enlever à l'aide d'une cuillère à café la partie verte (intestins et corail) ; la réserver dans un bol. Tronçonner la queue en plusieurs morceaux.
2. Faire chauffer huile et beurre dans une casserole plate (sautoir). Y faire suer (cuire légèrement sans colorer) les légumes : carotte, oignon, échalotes taillés en mirepoix (petits dés), l'ail, non épluché et grossièrement écrasé, et le bouquet garni. Les retirer à l'aide d'une écumoire, en les égouttant pour laisser la matière grasse au fond du sautoir.
3. Les remplacer par le homard, détaillé en morceaux salés et poivrés, et laisser rougir sa carapace. Ajouter l'armagnac ou le cognac et couvrir la casserole : l'alcool doit bouillir, réduire des trois quarts et imprégner le homard de son parfum, sans flamber. Le flambage est inutile et risque surtout de brûler et de noircir les petites pattes du homard, communiquant à la sauce un vilain goût amer.

sel, poivre, cayenne (1 pointe)
50 g de beurre frais
corail et intestins du homard
1 cuillère à café rase de farine
(facultatif)

Nage de légumes
25 cl de vin blanc sec
17 g de gros sel
1 carotte moyenne
1/2 blanc de poireau
15 g de blanc de céleri-branche
30 g d'oignons « grelots »
1 échalote, 1 gousse d'ail
3 zestes de citron
14 grains de poivre vert
1 clou de girofle
bouquet garni : 3 queues de persil, 1/2 feuille de laurier, 1 petite branche de fenouil frais, 1 branche de thym

Sauce homardière
2 cuillères à soupe d'huile d'arachide
1 cuillère à soupe d'huile d'olive
2 cuillères à soupe de fromage blanc à 0 %
1 œuf
1/2 cuillère à café de moutarde
1 filet de jus de citron
1/2 cuillère à café de cerfeuil haché
1/2 cuillère à café d'estragon frais
1 cuillère à soupe de légumes de nage

Sauce américaine
sel, poivre
200 g de haricots verts très fins
80 g de filet de sole
4 langoustines
2 coquilles Saint-Jacques
40 cl de fumet de poisson
(Recettes de base, *p. 82*)
4 feuilles de salade verte
2 écrevisses
1 cuillère à café de cerfeuil

4. Recouvrir de la mirepoix de légumes, des tomates fraîches concassées et tomate concentrée, assaisonner de sel, poivre et pointe de cayenne. Mouiller avec le vin blanc et le fumet de poisson (ou de l'eau, à défaut). Laisser cuire à feu vif 10 minutes à couvert.
5. Retirer les morceaux de homard (dont la chair sera réservée pour une salade de homard, par exemple). Laisser bouillir et réduire à découvert un tiers du volume de la sauce. Passer la sauce au chinois-étamine dans une autre casserole. Incorporer les ingrédients de liaison (beurre écrasé avec le corail et les intestins, farine) en mélangeant énergiquement au fouet. Laisser bouillir encore 2 minutes.
6. Verser dans un récipient pour conservation. Cette sauce peut éventuellement être stérilisée ou congelée. Pour réduire son coût, on peut remplacer le homard par du crabe, de l'étrille accompagnée d'arêtes de sole, de têtes de langoustines, etc.

La nage de légumes
La préparer à l'avance, pour l'intégrer à la sauce homardière.
Éplucher et laver tous les légumes. Canneler la carotte à l'aide d'un couteau canneleur (facultatif). Tailler les légumes (carotte, blanc de poireau, céleri, petits oignons, échalote) en fines rondelles de 2 millimètres d'épaisseur. Dans une casserole, les faire suer (rendre l'eau de végétation) à sec, pendant 10 minutes à couvert. Ajouter le vin blanc, un demi-litre d'eau, le gros sel et les ingrédients d'assaisonnement : zestes de citron, gousse d'ail non épluchée, grains de poivre vert, clou de girofle et bouquet garni. Laisser cuire lentement pendant 40 minutes. Les légumes doivent rester légèrement fermes.

Le jour même
1. Terminer la sauce homardière. Dans une petite casserole, faire bouillir et réduire de moitié à feu doux la sauce américaine, en remuant souvent. La réserver au frais. Monter une mayonnaise avec huile d'arachide, huile d'olive, moutarde, jaune d'œuf, fromage blanc et citron ; battre le blanc de l'œuf en neige et l'incorporer en dernier. Ajouter pour finir 4 cuillères à soupe de sauce américaine refroidie, les légumes de la nage hachés, le cerfeuil et l'estragon. Vérifier l'assaisonnement.
2. Détailler le filet de sole en goujonnettes (gros bâtonnets pris en biais dans la largeur du filet). Détacher les queues des langoustines. Les décortiquer. Ouvrir les coquilles Saint-Jacques. Retirer la noix de la coquille.
3. Éplucher les haricots verts et les cuire *al dente.* Les mettre dans un saladier, les assaisonner de sauce homardière.
4. Mettre la casserole à chauffer, y verser le fumet de poisson et porter à ébullition. Pocher dans ce fumet tous les poissons l'un après l'autre, ainsi que les langoustines (une ébullition de 1 à 2 minutes suffit). Les sortir de la cuisson à l'aide d'une écumoire, et les mettre à refroidir sur un linge.
5. Au fond des assiettes habillées de salade verte, dresser les haricots verts, assaisonnés, en forme de dôme. Après avoir tranché les coquilles Saint-Jacques en rondelles très fines, disposer celles-ci en couronne autour des haricots verts. Répartir sur cette couronne goujonnettes et langoustines. Recouvrir les poissons de la sauce d'assaisonnement. Décorer les haricots verts de cerfeuil en pluches (feuilles détachées délicatement de leur tige). Piquer l'écrevisse dans le dôme de haricots verts. M.G.

Temps
de préparation :
25 mn
+ marinade : 15 mn
réfrigérateur : 15 mn

Vodka

Salade de poisson cru mariné

Proportions
(pour 4 personnes)

160 g de filet de poisson (saint-pierre, saumon, daurade ou bar)
1 cuillère à café d'huile d'olive
2 cuillères à café d'huile de paraffine
1/2 échalote
10 g de poivre vert en grains
40 g de gingembre au vinaigre
1 cuillère à soupe d'airelles fraîches (ou en conserve « au naturel »)
1 citron
1 salade de laitue
sel, poivre

1. À l'aide d'un couteau fin et tranchant, détailler le filet de poisson en fines escalopes presque transparentes.
2. Les disposer dans un plat creux et les recouvrir de sel, poivre, échalote hachée, poivre vert et huiles (olive et paraffine). Laisser 15 minutes.
3. Tailler le gingembre en julienne (bâtonnets de un millimètre de section et 3 centimètres de longueur), peler le citron et tailler les pelures zestes en fine julienne (taille des aiguilles de pin), les ébouillanter et les refroidir aussitôt sous l'eau glacée.
4. Préparer la laitue en chiffonnade, ciselée en lanières de la largeur d'un petit doigt. L'assaisonner de sel, poivre et du jus d'un demi-citron et la disposer au milieu des assiettes. Éparpiller sur la laitue le gingembre et le citron en julienne, ainsi que les airelles. Disposer tout autour, telles des pétales de fleur épanouie, les fines escalopes de poisson cru mariné. Mettre les assiettes garnies dans le réfrigérateur, 15 minutes avant de servir.

M.G.

Temps
de préparation :
20 mn
Temps de cuisson :
15 à 20 mn en tout

Saint-véran

Salade de rougets et de langoustines à la ciboulette

Proportions
(pour 4 personnes)

8 langoustines crues
4 rougets de 300 g
4 tomates
150 g de haricots verts
1 batavia, mâche ou trévise selon la saison
1 petit paquet de ciboulette
50 g de beurre
10 cl d'huile d'olive
4 cuillères à soupe de vinaigre
sel, poivre

1. Faire préparer et désarêter les rougets par le poissonnier.
2. Décortiquer les langoustines, réserver les queues.
3. Émonder les tomates, les épépiner et les couper en petits dés.
4. Équeuter les haricots verts et les faire cuire à grande eau bouillante salée ; les rafraîchir.
5. Trier la salade, la laver et l'essorer.
6. Hacher la ciboulette. Dans un saladier, mettre le vinaigre, le sel, le poivre. Avec un petit fouet, y incorporer l'huile d'olive. Ajouter la ciboulette hachée.
7. Dans une poêle antiadhésive, faire sauter les langoustines 2 minutes, les assaisonner et réserver.
8. Dans le beurre fondu, cuire légèrement les filets de rouget, les égoutter.
9. Dresser sur quatre assiettes les filets de rouget en éventail, les napper de vinaigrette. Assaisonner séparément les haricots, la salade et les tomates. Les disposer sur l'assiette en intercalant les couleurs. Mettre les langoustines entre les filets de rouget et servir.

R.G./M.J.

Salade mélangée aux tomates, p. 56.

Temps
de préparation : 30 mn
+ 2 h au réfrigérateur
Temps de cuisson :
5 mn

Bandol
blanc

Salade de saint-pierre « sauce gaspacho »

Proportions
(pour 4 personnes)

500 g de filets de saint-pierre
1 concombre de 100 g environ
250 g de tomates très rouges
3 gousses d'ail
25 cl d'huile d'olive
vinaigre de vin rouge
25 cl d'eau minérale plate
2 œufs entiers
sel, poivre

1. À l'aide d'un mixeur, broyer les 3 gousses d'ail, ajouter les œufs entiers, du sel, du poivre et l'huile d'olive. Mixer ensemble, jusqu'à l'obtention d'une mayonnaise.
2. Peler et épépiner le concombre.
3. Équeuter les tomates et en ôter le pédoncule. Passer les légumes au centrifugeur de ménage, afin d'en extraire uniquement le jus. Verser ce jus sur la mayonnaise, délayer au fouet, ajouter 2 cuillères à soupe de vinaigre de vin puis l'eau minérale. Mettre au réfrigérateur sur glace, afin de rafraîchir fortement. Laisser ainsi 2 heures environ.
4. Pendant ce temps, détailler la chair de saint-pierre en fines escalopes, soit 20 environ. Saler, poivrer.
5. Chauffer légèrement une poêle antiadhésive et faire poêler rapidement de chaque côté les escalopes de saint-pierre en les tenant pas trop cuites. Les éponger, en disposer 5 ou 6 au milieu de chaque assiette. Les entourer d'une petite louche de la sauce gaspacho et servir aussitôt.

✱ On peut aussi disposer les escalopes de saint-pierre sur un lit de salade émincée.

J.M.

Temps
de préparation :
15 mn
Temps de cuisson :
9 à 11 mn en tout

Hermitage

Salade de saumon à la ciboulette

Proportions
(pour 4 personnes)

1 courgette
500 g d'asperges fraîches
ou en conserve
200 g de haricots verts
4 tranches de saumon frais
1 tomate
1 grosse noix de beurre
1 batavia

Vinaigrette

25 cl d'huile de noix
2 cuillères à café de moutarde
2 cuillères à soupe de vinaigre
de Xérès
1 botte de ciboulette hachée
sel, poivre blanc

1. Éplucher la courgette en laissant une bande de peau sur deux. La couper en tronçons de 1 centimètre d'épaisseur, ôter les graines avec un vide-pommes.
2. Faire cuire à la vapeur, et séparément, les pointes d'asperges, les haricots verts et la courgette.
3. Pendant ce temps, préparer une vinaigrette épaisse avec la moutarde, le vinaigre et l'huile. Y ajouter une cuillère de ciboulette hachée.
4. Saler et poivrer les tranches de saumon frais, les faire cuire vivement à la poêle dans la grosse noix de beurre.
5. Laver et éplucher la salade. Monder et épépiner la tomate, la couper en petits dés.
6. Napper les assiettes de vinaigrette, poser dessus les tranches de saumon. Dresser autour de celles-ci les légumes et la salade légèrement assaisonnés.

J.P.

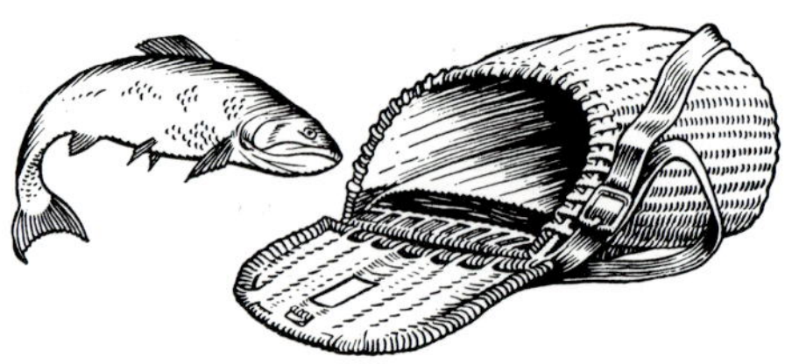

Salade de saumon à la ciboulette.

Temps
de préparation :
10 mn
Temps de cuisson :
7 mn

Sauvignon

Salade de soja aux crevettes roses

Proportions
(pour 2 personnes)

150 g de soja frais
50 g de crevettes bouquet fraîches décortiquées
40 g de beurre
2 échalotes ciselées
1 cuillère à soupe de sauce soja
1 cuillère à soupe d'huile de noisette
6 champignons de Paris lavés et coupés en quartiers
1 jus de citron
1/2 yaourt
1 cuillère à soupe de crème fouettée
sel, poivre

1. Faire macérer les champignons avec yaourt, crème fouettée et citron. Ajouter sel et poivre.
2. Sauter vivement à la poêle et au beurre les crevettes. Ajouter les échalotes puis la sauce de soja. Poivrer. Une fois tiède, ajouter le soja frais assaisonné de sel, poivre et huile de noisette.
3. Au centre de l'assiette, déposer la salade de soja et disposer autour les champignons crus au yaourt.

P.G.

Temps
de préparation :
15 mn
Temps de cuisson :
oeufs : 8 mn

Saint-véran

Salade de thon

Proportions
(pour 4 personnes)

1 boîte de thon à l'huile
3 œufs
4 tomates
1 petit poivron vert
1 petit poivron rouge
1 petite boîte de maïs
vinaigrette classique
(Recettes de base, *p. 92*)

1. Faire durcir les œufs 8 minutes dans l'eau bouillante.
2. Pendant ce temps, laver les tomates, les couper en rondelles.
3. Épépiner les poivrons, les détailler en lanières.
4. Mettre les œufs durs dans l'eau froide, les écaler, les couper en quartiers.
5. Égoutter le maïs.
6. Préparer la vinaigrette dans un saladier. Ajouter tous les ingrédients, en disposant les quartiers d'œufs sur le dessus. Mélanger juste avant de servir.

Temps
de préparation :
1 h en tout
Temps de cuisson :
23 mn en tout

Graves
blanc

Salade tiède de coquilles Saint-Jacques à l'estragon

Proportions
(pour 4 personnes)

3 à 4 kg de coquilles Saint-Jacques ou l'équivalent en noix décoquillées
1 ou 2 cuillères d'estragon haché
1/2 citron
1 branche de céleri taillée très finement
quelques feuilles de salade émincées en chiffonnade
25 cl de mayonnaise (1/4 d'huile d'olive vierge, 3/4 d'huile d'arachide)

Court-bouillon
1 bouteille de bon vin blanc sec
50 cl d'eau

À l'avance

1. Faire le court-bouillon. Mettre dans une casserole émaillée ou inoxydable le vin blanc et l'eau, ajouter la garniture. Mettre à cuire sur feu vif, sans couvrir, environ 20 minutes. À mi-cuisson, assaisonner avec deux cuillères à soupe de gros sel de mer et quelques tours de moulin à poivre. En fin de cuisson, passer au chinois fin et réserver au frais.

Au moment même

2. Ouvrir les coquilles Saint-Jacques, les laver soigneusement pour retirer tout le sable et les barbes. Ne conserver que les noix, les détacher au moyen d'une cuillère. Les éponger. Selon l'épaisseur des noix, les couper éventuellement en deux ou trois rondelles.
3. Prélever 25 centilitres de court-bouillon. Le mettre dans une casserole. Jeter les coquilles Saint-Jacques dedans. Dès la reprise du frémissement, attendre 3 minutes. Égoutter. Passer le court-bouillon au chinois, le réserver.
4. Tailler les noix en forme de goujonnettes (gros bâtonnets). Les déposer dans un saladier.

3 carottes épluchées
1 oignon piqué d'un clou de girofle
1 bouquet garni (persil en branches, 1/2 feuille de laurier, 1 branche de thym)
3 échalotes épluchées
2 gousses d'ail épluchées
2 branches de céleri
1/2 citron pelé à vif
gros sel et poivre du moulin

5. Faire la mayonnaise, l'allonger avec 2 ou 3 cuillères de court-bouillon, le jus d'un demi-citron. Verser sur les coquilles, avec l'estragon haché. Mélanger. Ajuster l'assaisonnement et dresser en bouquet sur la chiffonnade dans des assiettes ou coupes individuelles.

Remarque
La sauce ne doit pas être trop fluide, mais napper légèrement la cuillère. Si l'on redoute la puissance de l'estragon, on peut en remplacer une partie par du cerfeuil. On peut aussi, à volonté, agrémenter la présentation de cette salade tiède avec de petits dés de tomate, des truffes en julienne, des pousse-pierre ou des pointes fines de ciboulette... G.B.

Temps
de préparation : 25 mn
Temps de cuisson :
légumes : 5 mn
truites : 8 mn

Saint-véran

Salade tiède de truites

Proportions
(pour 4 personnes)
4 truites-portions
2 courgettes
1 petit concombre
1 l de court-bouillon
(Recettes de base, *p. 79*)
1 cuillère à café de moutarde blanche forte
2 cuillères à soupe d'huile de noix
4 cuillères à soupe d'huile d'arachide
1 citron
6 tiges de ciboulette
6 branches de cerfeuil
4 branches de persil
1 chicorée frisée
sel, poivre

1. Laver les courgettes et le concombre ; ne pas les éplucher. Les couper en bâtonnets ; les faire cuire à l'eau salée en les gardant *al dente.*
2. Pendant ce temps, faire pocher les truites, vidées, dans le court-bouillon pendant 8 minutes.
3. Préparer la sauce : délayer la moutarde avec les deux huiles, ajouter du jus de citron à volonté en y dissolvant le sel, poivrer ; ajouter enfin toutes les herbes hachées ou ciselées.
4. Éplucher, laver, essorer, éponger et ciseler la salade. La répartir sur quatre assiettes, disposer au centre les légumes égouttés en les alternant.
5. Prélever les filets de truite égouttés, en en retirant les peaux. Les disposer sur les légumes, arroser avec la sauce. Servir tiède. J.D./C.V.

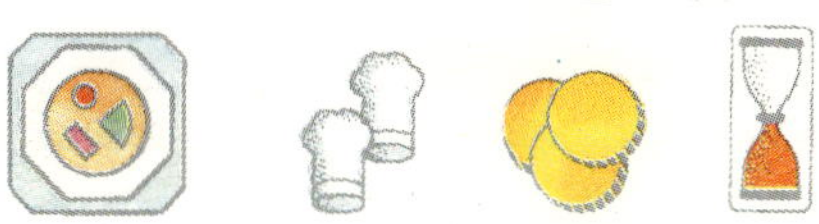

Temps
de préparation : 30 mn
Temps de cuisson :
tomates : 1 h 30
homard : 10 mn

Meursault

Salade de tomates confites au homard de Michel Guérard

Proportions
(pour 2 personnes)
1 homard vivant de 500 g (femelle de préférence)
2 l de court-bouillon
(Recettes de base, *p. 79*)

Salade
6 grosses tomates très mûres, soit 800 g environ
200 g de haricots verts cuits à l'eau salée
Pluches de cerfeuil

Assaisonnement des tomates
sel, sucre, thym
ail (en chemise écrasé)
huile d'olive

1. Émonder les tomates. Les couper en deux et les épépiner. Les poser sur un plat badigeonné à l'huile d'olive. Saler, poivrer, sucrer. À l'aide d'un pinceau, badigeonner les tomates et les réassaisonner sur la face supérieure.
2. Confire ces tomates au four une heure et demie à 120 °C (le sucre a pour effet de neutraliser l'acidité de la tomate).
3. Pendant ce temps, faire bouillir le court-bouillon dans une casserole, y mettre à cuire le homard pendant 10 minutes à gros bouillons ; l'égoutter à l'écumoire et le laisser refroidir.
4. S'il s'agit d'une femelle, ôter la grappe d'œufs placée sous le ventre et l'égrener au-dessus d'un bol. Détacher la queue, la décortiquer après avoir, à l'aide de gros ciseaux, sectionné les anneaux qui forment le dessous. Tronçonner la queue au couteau en 6 médaillons. Décortiquer également la chair des pinces, préalablement brisées avec le dos d'un couteau lourd pour en permettre l'extraction. La tête, coupée dans sa longueur, sera utilisée pour la décoration.

Sauce de la salade
1 jaune d'œuf
1/2 cuillère à café
de moutarde blanche
10 cl d'huile d'arachide
1 cuillère à café de jus de citron
1 cuillère à soupe de ketchup
1 cuillère à café d'armagnac
1 grosse cuillère à soupe d'estragon
et de cerfeuil hachés
sel, poivre blanc

5. Réalisation de la sauce : confectionner une mayonnaise en incorporant au jaune d'œuf la demi-cuillère à café de moutarde, le sel, le poivre, la cuillère à café de jus de citron et la cuillère à soupe de ketchup, puis, en fin d'opération, la cuillère à café d'armagnac et la cuillère d'estragon et de cerfeuil hachés. Incorporer, éventuellement, les œufs précédemment égrenés.
6. Dressage de la salade : prendre 2 assiettes plates. Disposer harmonieusement les 6 tomates confites (préalablement refroidies) au centre de chaque assiette. Sur ces tomates en couronne, poser les médaillons de homard et, au centre, la pince de homard plantée. Autour de ces tomates, disposer les haricots verts en forme de frise.
7. Napper très délicatement chaque médaillon avec la sauce, et sur chacun d'eux, poser une pluche de cerfeuil. Poser le coffre du homard en haut de l'assiette, pour la décoration. G.B.

Temps
de préparation :
20 mn
Temps de cuisson :
4 mn en tout

Saint-véran

Salade « 3A » aux filets de rouget

Proportions
(pour 4 personnes)
2 avocats
3 artichauts à fond (breton de préférence)
1 aubergine
400 g de filets de rouget désarétés
8 cl de vinaigre de Xérès
20 cl d'huile d'olive vierge
2 filets d'anchois salés
cerfeuil
sel, poivre

1. Tourner les fonds d'artichauts à l'aide d'un petit couteau, les citronner et les cuire à l'eau salée. Réserver au frais.
2. Couper les avocats en quatre. Les éplucher et les émincer en lamelles d'un demi-centimètre d'épaisseur.
3. Laver l'aubergine, la détailler en douze tranches. Saler.
4. Sur le coin du feu, faire fondre les 2 filets d'anchois dans une petite casserole avec 8 centilitres d'huile d'olive, pendant 2 à 3 minutes. Puis incorporer 6 centilitres de vinaigre de Xérès. Saler et poivrer si besoin est.
5. Retirer le fond des artichauts et les émincer de la même façon que les avocats.
6. Assaisonner les filets de rouget et les poêler rapidement à l'huile d'olive. Les tenir légèrement en sous-cuisson.
7. Poêler également les tranches d'aubergine.
8. Présenter les avocats et les artichauts dans 4 assiettes, nappés de la sauce aux anchois. Décorer des filets de rouget et des tranches d'aubergine, puis recouvrir abondamment de fanes de cerfeuil.

* 3A = Avocat + Artichaut + Aubergine. P. et M.T.

Temps
de préparation :
30 mn
Temps de cuisson :
15 mn

Pouilly fumé

Salade variée à la langouste bretonne

Proportions
(pour 4 personnes)

600 g à 1 kg de salades variées (mesclun ou autres salades mêlées de l'été)
800 g à 1 kg de langouste bretonne
2 tomates (fermes et bien rouges)
1 ou 2 paquets de fines herbes (estragon, ciboulette, cerfeuil)
vinaigrette
(Recettes de base, *p. 92*)
25 cl de mayonnaise

1. Cuire la langouste dans une grande casserole d'eau bouillante fortement salée pendant 15 minutes. La rafraîchir et l'égoutter en la saignant (pour cela, l'inciser au moyen d'un couteau pointu entre les antennes).
2. Trier et laver les diverses salades et bien les égoutter dans un linge.
3. Décortiquer la langouste (queue, pattes et antennes). Tronçonner la queue et la détailler en gros salpicon (en morceaux réguliers), assaisonner avec la mayonnaise, les fines herbes finement ciselées, rectifier avec sel et poivre (si la mayonnaise est trop épaisse, la détendre avec un peu de vinaigre, un peu de court-bouillon ou d'eau citronnée pour la rendre plus fluide, jusqu'à ce qu'elle nappe sans coller).
4. Assaisonner la salade. Dresser sur assiettes individuelles, disposer dessus les morceaux de langouste, décorer avec quelques fins quartiers de tomate épluchée et épépinée, quelques pointes de ciboulette et des pluches de cerfeuil.

Remarque
On peut composer cette salade autour de la langouste en utilisant d'autres éléments que des salades vertes ou en les complétant (haricots verts, pois gourmands ou autres légumes, selon l'inspiration et le marché...). Je recommande aussi d'ajouter une petite cuillère de moutarde verte à l'estragon dans la sauce pour assaisonner la langouste. G.B.

Quelques sauces

De nombreux assaisonnements sont possibles pour les salades dites « simples », celles où n'entre qu'un seul élément :

✱ vinaigrette simple : *une cuillère de vinaigre dans laquelle on aura délayé le sel, 3 cuillères d'huile (selon le goût : arachide, olive, tournesol...), poivre et, éventuellement, moutarde ;*

✱ à la crème : *3 cuillères à soupe de crème fraîche pour une de vinaigre ou de jus de citron, sel et poivre ;*

✱ aux œufs : *broyer les jaunes d'œufs durs et mélanger avec de la moutarde, de l'huile, du vinaigre, sel et poivre ;*

✱ au lard : *faire rissoler à la poêle des petits dés de poitrine fumée préalablement blanchis à l'eau bouillante. Les verser sur du pissenlit ou de la salade frisée déjà bien assaisonnée. Déglacer la poêle avec une cuillère de vinaigre, verser sur les lardons ;*

✱ à la moutarde à la crème : *3 cuillères à soupe de crème fraîche, 2 cuillères à café de moutarde avec un filet de jus de citron, sel et poivre ;*
✱ mayonnaise *(« Recettes de base », p. 93).*

Salades à base de viandes, charcuterie, abats

Salade de faisanes, p. 81.

Les salades à base de viandes

Comme celles à base de poisson, ces salades peuvent se servir en entrée ou en plat principal ; ce n'est qu'une question de proportions. Par tradition, elles appartiennent plutôt aux tables des familles nombreuses ; avec elles se finissent pot-au-feu ou rôti, refroidis, découpés en morceaux et ajoutés à d'autres fonds de placards ou de réfrigérateurs. Leur composition dépend surtout de l'inspiration de la cuisinière, de l'envie d'essayer tel ou tel ingrédient avec de la viande froide. Elles sont bonnes et surtout.. très nourrissantes !

Temps de préparation : 20 mn
Temps de cuisson : 10 mn

Saint-véran

Blancs de poulet à la vapeur de menthe

Proportions
(pour 2 personnes)

1/2 concombre
2 blancs de poulet
2 oignons nouveau
6 brins de menthe
10 cl de crème fraîche
1 citron
paprika
sel, poivre blanc

voir photo p. 75

1. Verser un litre d'eau au fond d'un couscoussier, y ajouter 4 brins de menthe. Porter à ébullition à feu vif.
2. Couper les blancs de poulet en deux dans le sens de l'épaisseur, les piquer de nombreux coups de fourchette pour éviter qu'ils ne se rétractent. Les saupoudrer de sel. Lorsque l'eau bout, mettre les blancs dans la partie supérieure, couvrir, laisser cuire 10 minutes.
3. Pendant ce temps, éplucher le concombre, le couper en très fines lamelles.
4. Presser le citron. Prélever une cuillère à café du jus obtenu, la mélanger dans un bol à la crème fraîche, saler et poivrer.
5. Éplucher les petits oignons, les couper en deux, puis en lamelles transparentes. Dans un deuxième bol, mélanger les lamelles d'oignon au restant du jus de citron.
6. Lorsque les blancs de poulet sont cuits, les poser sur une planche. Les découper en lamelles d'un centimètre de large, en oblique et dans le sens inverse des fibres.
7. Dans une terrine, mélanger les blancs de poulet aux lamelles d'oignon.
8. Sur deux assiettes individuelles, répartir les lamelles de concombre et les blancs de poulet. Napper l'ensemble de crème au citron, saupoudrer de paprika et décorer des feuilles de menthe restantes.

Temps de préparation : 30 à 35 mn
Temps de cuisson : 3 à 4 mn

Chinon servi frais

Foies de volaille aux épinards crus

Proportions
(pour 8 personnes)

300 g d'épinards crus
12 foies de poulet ou de canard
1 œuf de beurre
7 cuillères à soupe de vinaigre de Xérès
1 cuillère à soupe d'eau
8 cuillères à soupe d'huile d'olive
sel, poivre

voir photo p. 87

1. Choisir de jeunes épinards à petites feuilles d'un joli vert frais. Équeuter soigneusement les feuilles saines et petites en retirant la nervure centrale si elle paraît un peu dure. Laver les épinards à plusieurs eaux, les égoutter et les sécher dans un torchon, en évitant d'abîmer les feuilles.
2. Avec un petit couteau, nettoyer les foies de toutes traces de fiel (les parties vertes).
3. Dans un bol, faire une vinaigrette avec 3 petites cuillères à soupe de vinaigre de Xérès, du sel, du poivre et l'huile d'olive.
4. Dans 8 grandes assiettes, disposer un lit de feuilles d'épinards.
5. Dans une poêle à feu moyen, faire fondre un œuf de beurre. Quand il grésille, ajouter les foies de volaille légèrement salés et poivrés, et, en les tournant en tous sens, les faire raidir et cuire rapidement pendant quelques minutes. Ils doivent être rosés quand on les coupera. Retirer la poêle du feu. À l'aide d'une spatule, poser les foies sur la planche et les découper en fines petites escalopes.
6. Battre la vinaigrette et la verser sur les épinards à l'aide d'une cuillère à soupe. Disposer ensuite harmonieusement les tranches de foie au centre de l'assiette.
7. Remettre la poêle sur le feu : quand elle est bien chaude, verser le vinaigre restant et la cuillère d'eau tout en chauffant, gratter tous les résidus de cuisson, faire réduire et fumer. Avec une cuillère à café, verser ce jus sur les foies et servir sans attendre.

✻ Cette salade se fait au dernier moment, mais les épinards peuvent être épluchés, lavés, séchés à l'avance. M.J.

Temps de préparation : 15 mn
Temps de cuisson : 2 mn

Sancerre

Julienne multicolore au blanc de poulet

Proportions
(pour 4 personnes)

320 g de blanc de volaille
fond de volaille
(Recettes de base, *p. 80*)

La sauce vinaigrette
2 cuillères à soupe de vinaigre de vin
4 cuillères à soupe d'huile d'arachide
1 cuillère à café de moutarde blanche

La julienne
200 g de carottes
150 g de betteraves rouges crues
200 g de concombre
2 blancs de poireaux
2 branches de céleri dans le cœur
sel et poivre

voir photo p. 4

1. Découper en julienne longue et fine les différents légumes et les mettre à tremper 5 minutes dans l'eau glacée.
2. Découper les blancs en fines aiguillettes. Les assaisonner. Préparer la vinaigrette.
3. Pocher la volaille 2 minutes dans du fond blanc corsé et la transvaser dans 25 cl de la sauce vinaigrette.
4. Essorer la julienne de légumes dans un linge et assaisonner avec le restant de sauce.
5. Répartir la julienne dans quatre grandes assiettes, déposer dessus les blancs de volaille tièdes et servir de suite.

Remarque
Sous l'action de l'eau glacée, la julienne se crispe, ce qui lui donne du croquant et du volume pour le dressage. P. et M.T.

Temps de préparation :
à l'avance : 15 mn
au moment même : 15 mn
Temps de cuisson : 10 mn

Sancerre

Ris de veau en salade de tomates et courgettes

Proportions
(pour 4 personnes)

400 g de ris de veau
6 tomates
1 petite courgette
5 cl de vinaigre d'alcool
5 cl de vinaigre de vin
10 cl d'huile d'olive
20 g de beurre
basilic, thym et laurier
sel et poivre

1. Faire dégorger les ris de veau à l'eau froide courante pendant environ 2 heures ; les blanchir, les rafraîchir et les éplucher.
2. Émonder les tomates et les couper en fines rondelles. Les épépiner et les étaler sur toute la surface de l'assiette.
3. Laver la courgette et, sans l'éplucher, la couper en bâtonnets de 3 centimètres de longueur. La blanchir une minute à l'eau bouillante salée, la rafraîchir et égoutter.
4. Découper les ris en escalopes de un centimètre d'épaisseur, les assaisonner et les poêler au beurre noisette. Les colorer sur les deux faces.
5. Assaisonner les tomates avec le vinaigre de vin et l'huile d'olive. Saler, poivrer. Faire de même avec les courgettes.
6. Sur chaque assiette, disposer les ris de veau sur les tomates, répartir la courgette poêlée dessus et parsemer de basilic. Servir.

P. et M.T.

Temps de préparation :
30 mn

Quincy

Salade Agathe

Proportions
(pour 4 personnes)

200 g de blancs de volaille cuits
90 g de crevettes décortiquées
180 g de céleri-rave
3 œufs durs
4 petits cœurs de laitue
5 cuillères à soupe de mayonnaise
(Recettes de base, *p. 93*)
3 cuillères à soupe d'huile
1 cuillère à soupe de persil
et de cerfeuil hachés
le jus d'un citron
sel, poivre

1. Couper le céleri-rave en allumettes et l'enrober de sauce mayonnaise. Le placer en dôme au centre d'un plat.
2. Disposer autour les blancs de volaille détaillés en lamelles, en les alternant avec les crevettes et les œufs durs coupés en quatre dans le sens de la longueur.
3. Faire une dernière couronne avec les cœurs de laitue. Arroser le tout avec l'huile et le jus de citron ; saler, poivrer, parsemer de persil, de cerfeuil.

R.M.

Temps de préparation :
30 mn
Temps de cuisson :
30 mn

Bourgueil
servi frais

Salade d'artichauts au foie gras

Proportions
(pour 4 personnes)

8 artichauts
24 pieds de mâche
4 cuillères à soupe de vinaigrette
2 cuillères à soupe d'huile
2 citrons
150 à 200 g de terrine de foie gras
(en 12 fines tranches)
cerfeuil
sel et poivre du moulin

1. Presser le jus des citrons.
2. Tourner les fonds d'artichauts, en retirer le foin à l'aide d'une cuillère.
3. Faire cuire les fonds d'artichauts dans une casserole d'eau bouillante salée à laquelle on aura ajouté le jus des citrons, ainsi que 2 cuillères à soupe d'huile. Compter 30 minutes de cuisson, égoutter les fonds. Si l'on fait cette préparation à l'avance, garder un peu d'eau de cuisson pour y réchauffer les fonds au moment du repas.

Blancs de poulet à la vapeur de menthe, p. 72.

4. Préparer une vingtaine de pluches de cerfeuil, les mettre de côté, à l'abri de l'air.
5. Défaire les feuilles de mâche, les laver, les égoutter et les conserver dans une boîte hermétique.
6. Préparer la vinaigrette (voir *« Cressonnière au saumon »*, p. 43) ou en prélever 4 cuillères à soupe si elle est déjà faite.
7. Si nécessaire, réchauffer les fonds d'artichauts dans leur eau de cuisson.
8. Assaisonner les feuilles de mâche avec 2 cuillères de vinaigrette, les ranger en couronne sur le fond de quatre grandes assiettes. Disposer le reste en petit tas au centre de chaque assiette.
9. Escaloper chaque fond en biais en 4 morceaux, puis couper chaque morceau en trois. Mettre dans un bol et arroser avec 2 cuillères de vinaigrette, en mélangeant bien. Ranger ensuite les morceaux d'artichauts au centre de la couronne, juste au pied des feuilles de mâche.
10. Couper chaque lamelle de foie gras en 2 triangles, disposer ces triangles en hélice sur les artichauts.
11. Donner un tour de moulin à poivre et parsemer de pluches de cerfeuil.

Remarque

Servir le foie gras à température de la pièce, il sera meilleur ! Il n'y a que les mauvais foies gras qui soient meilleurs glacés. J.R.

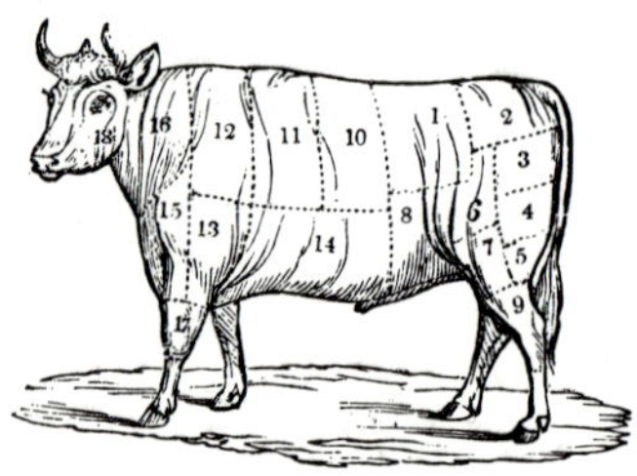

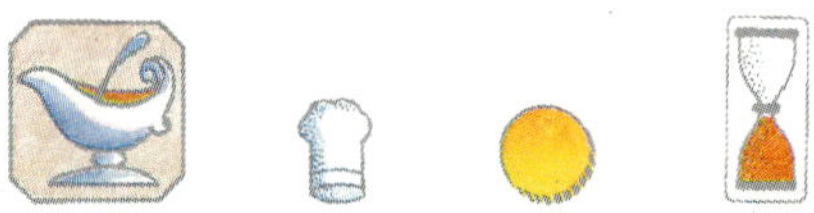

Temps de préparation : 35 mn environ
Temps de cuisson : p. de terre : 35 mn environ

Chinon servi frais

Salade de bœuf

Proportions
(pour 4 personnes)

400 g de bœuf bouilli
2 carottes cuites du pot-au-feu
1 oignon moyen
4 pommes de terre moyennes (BF 15 ou roseval)
5 cornichons moyens
6 cuillères à soupe d'huile d'arachide
2 cuillères à soupe de vinaigre de vin
1 cuillère à café de moutarde forte
sel et poivre

1. Faire cuire les pommes de terre à la vapeur dans leur peau.
2. Préparer la viande en retirant la peau, le gras, les parties nerveuses ; la détailler en cubes de 2 centimètres de section.
3. Couper les carottes en rondelles épaisses d'un centimètre.
4. Éplucher l'oignon, le hacher finement.
5. Éplucher les pommes de terre, les couper en rondelles d'un centimètre d'épaisseur.
6. Couper les cornichons en fines rondelles. Rassembler tous ces éléments dans un grand saladier. Faire la vinaigrette. Mélanger le tout. Laisser reposer le plus longtemps possible avant le repas.
7. Au moment de servir, mélanger la salade une fois de plus et transvaser dans un saladier de service.

Remarque

Tout autre reste un peu abondant de viandes froides rôties sera très bon avec une salade de pommes de terre, assaisonnée avec une mayonnaise où l'on aura incorporé des câpres hachées. M.J.

Temps
de préparation : 20 mn
Temps de cuisson :
champignons : 3 à 4 mn
cailles : 15 mn

Saint-nicolas-de-Bourgueil
servi frais

Salade de cailles aux champignons des bois

Proportions
(pour 2 personnes)

200 g de mâche ou de scarole
200 g de champignons (chanterelles grises ou girolles)
2 cailles bien dodues, plumées et vidées
1 petit bouquet de ciboulette, persil et cerfeuil
1 cuillère à café de moutarde forte
2 cuillères à soupe de vinaigre de vin
5 cuillères à soupe d'huile d'olive
1 cuillère à soupe de beurre
sel, poivre

1. Allumer le four à 250 °C.
2. Nettoyer, laver et égoutter la salade.
3. Faire de même avec les champignons.
4. Verser une cuillère à soupe d'huile d'olive dans une poêle. Faire chauffer à feu vif et, lorsque l'huile est brûlante, y jeter les champignons. Les faire sauter 3 à 4 minutes, puis les égoutter dans la passoire.
5. Assaisonner les cailles. Les faire rôtir avec une cuillère à soupe de beurre pendant 15 minutes à four chaud. Après cuisson, les désosser entièrement et garder les chairs au chaud.
6. Jeter le beurre de cuisson des cailles et verser dans le plat de cuisson encore chaud 2 cuillères à soupe de vinaigre de vin. Amener à petite ébullition, afin que les sucs de cuisson se détachent du plat, et verser rapidement dans un saladier. Ajouter une cuillère à café de moutarde forte, sel, poivre, puis 4 cuillères à soupe d'huile d'olive. Mélanger le tout à l'aide d'un petit fouet. Rectifier l'assaisonnement et ajouter les herbes finement hachées.
7. Avec une cuillère à soupe de cette vinaigrette, assaisonner légèrement la salade verte et disposer celle-ci en couronne sur chaque assiette. Faire un dôme au centre avec les champignons, également assaisonnés, et recouvrir avec la chair des cailles finement escalopée. Servir le reste de sauce à part.

✱ Ce plat, servi tiède, peut également se servir froid. Mais, en aucun cas, on ne peut passer les chairs des cailles et les champignons au réfrigérateur. De même, n'assaisonner la salade verte qu'au dernier moment. R.V.

Temps
de préparation : 40 mn
Temps de cuisson :
cervelles : 2 mn
+ 8 mn de repos

Sancerre

Salade de cervelles d'agneau

Proportions
(pour 4 personnes)

2 cervelles d'agneau
200 g de concombres
10 g de cornichons et
10 g de câpres hachés
60 g de champignons de Paris
60 g de tomate concassée crue
1/2 botte de cresson,
20 g d'oseille et
20 g de salade verte (laitue) lavés et équeutés
2 cuillères à café de persil haché frais
25 cl d'eau
4 cl de vinaigre
1 bouquet garni
sel, poivre
mayonnaise (Recettes de base, *p. 93*)
sauce vinaigrette
(voir « Salade des prés, *p. 36*)

1. Laisser couler un quart d'heure l'eau fraîche du robinet sur les cervelles, pour en éliminer les dernières traces de sang.
2. Porter à ébullition les ingrédients de cuisson des cervelles : eau, vinaigre, bouquet garni, sel et poivre.
3. Plonger les cervelles dedans, redonner un bouillon et les laisser refroidir dans cette eau de cuisson.
4. Éplucher les concombres à l'aide d'un couteau économe, les couper en deux dans le sens de la longueur et enlever les petits pépins de l'intérieur à l'aide d'une cuillère à café.
5. Les couper en fines lamelles et les mettre à dégorger avec 20 grammes de sel pour éliminer l'eau.
6. Préparer les légumes, oseille et laitue en chiffonnade, c'est-à-dire les ciseler, délicatement, en fines lanières larges d'un doigt ; effeuiller le cresson.
7. Dresser la chiffonnade sur quatre assiettes. La parsemer des câpres, cornichons et concombres assaisonnés de la sauce vinaigrette. Disposer en éventail les cervelles tranchées en escalopes, les napper légèrement de la sauce mayonnaise. Terminer en éparpillant sur l'ensemble la julienne de champignons, la tomate concassée en petits dés et les 2 cuillères à café de persil fraîchement haché. M.G.

Temps
de préparation :
35 mn
Temps de cuisson :
40 mn

Cassis
blanc

Salade de cervelles à la coriandre et au poivron

Proportions
(pour 4 personnes)

6 cervelles d'agneau
1/2 oignon, 1 feuille de laurier
4 grains de poivre
1 branche de thym
400 g de salade mélangée
1 botte de coriandre
1 botte de persil
4 poireaux
1 poivron rouge
5 cl d'huile d'olive
1 œuf de beurre
sel, poivre

Vinaigrette
10 cl d'huile d'arachide
5 cl d'huile d'olive
1 filet de jus de citron jaune
20 g de carvi
sel, poivre

1. Mettre dans un plat le poivron rouge avec 5 centilitres d'huile d'olive et cuire au four 20 minutes à 180 °C.
2. Pendant ce temps, dans une casserole, mettre un litre d'eau, un demi-oignon, une feuille de laurier, une branche de thym, 4 grains de poivre, faire bouillir 5 minutes. Pocher les cervelles 8 minutes dans ce bouillon. Les égoutter et les faire revenir à feu moyen dans l'œuf de beurre pendant 3 minutes de chaque côté.
3. Laver les poireaux, les cuire dans le bouillon des cervelles pendant 10 minutes.
4. Pendant ce temps, faire la vinaigrette : mélanger énergiquement sel, poivre, huile d'olive et d'arachide, jus de citron et 10 grammes de carvi. Griller les 10 grammes de carvi restants au four à 250 °C pendant 5 minutes. Ajouter le carvi grillé à la vinaigrette.
5. Retirer la peau du poivron rouge, couper celui-ci en bâtonnets de la grosseur d'une allumette.
6. Dans un saladier, mettre la salade, les feuilles de persil et de coriandre, assaisonner de vinaigrette au carvi, de sel et de poivre.
7. Assaisonner également les poireaux de vinaigrette.
8. Dresser la salade en dôme. Mettre dessus les bâtonnets de poivre rouge et autour, les poireaux et la cervelle. Passer au four et servir tiède. A.S.

Temps
de préparation :
15 mn
Temps de cuisson :
2 mn

Bière

Salade charcutière

Proportions
(pour 4 personnes)

2 saucisses de Francfort
100 g de trévise rouge
300 g de scarole
2 oignons nouveaux
4 rondelles de saucisson
50 g de cornichons
50 g d'olives vertes dénoyautées
vinaigrette classique
(Recettes de base, *p. 92*)

1. Éplucher, laver et essorer les salades.
2. Plonger les saucisses pendant 2 minutes dans de l'eau bouillante. Les égoutter, les couper en rondelles.
3. Couper les rondelles de saucisson en petits cubes.
4. Couper les cornichons et les olives en rondelles.
5. Éplucher les oignons, les couper en lamelles.
6. Faire une vinaigrette bien moutardée.
7. Verser tous les ingrédients dans un saladier, bien mélanger.

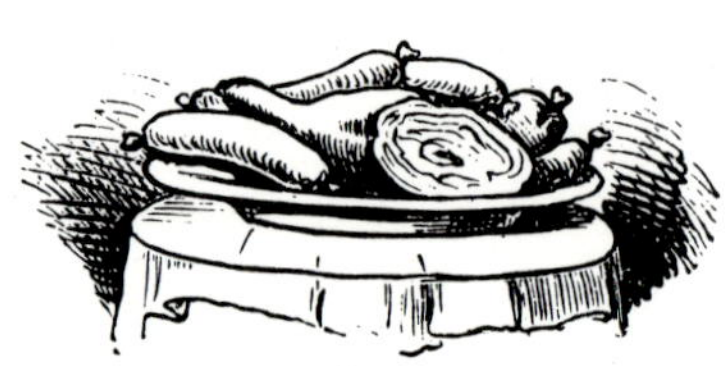

Salade charcutière.

Temps
de préparation : 15 mn
Temps de cuisson :
confit : 5 mn
œufs : 8 mn

Sancerre rouge

Salade de confit de canard avec un œuf poché

Proportions
(pour 4 personnes)

200 g de salade
(mâche, trévise, scarole)
4 manchons de canard confit
ou 2 cuisses
12 betteraves rouges cuites
2 échalotes
1 gousse d'ail
4 œufs
3 cuillères à soupe de vinaigre
1 bouquet de persil plat
2 cuillères à soupe de graisse
de confit
gros sel
sel, poivre

1. Laver, trier, essorer les salades ; les mettre dans un saladier.
2. Éplucher et couper les betteraves en 12 rondelles de 2 millimètres d'épaisseur.
3. Dépouiller les confits et les défaire en petits morceaux.
4. Effeuiller le persil.
5. Dans une poêle posée sur le feu, faire fondre une cuillère à soupe de graisse de confit. Ajouter le confit émietté, donner 3 tours de poêle pour le chauffer, ajouter les échalotes, l'ail et le persil, redonner 2 tours de poêle ; verser son contenu sur la salade et mélanger délicatement l'ensemble.
6. Répartir les salades sur 4 assiettes.
7. Dans la même poêle, faire fondre l'autre cuillerée de graisse ; chauffer les tranches de betteraves, saler et poivrer.
8. Porter à ébullition une casserole contenant 1 litre d'eau salée ; ajouter le vinaigre. Casser un œuf sur une petite assiette, le faire glisser dans la casserole, baisser le feu. Retourner l'œuf dans la casserole à l'aide d'une cuillère, de manière que le jaune soit bien enveloppé par le blanc. Compter 2 minutes de cuisson, puis l'égoutter sur un papier absorbant. Renouveler l'opération avec les 3 autres œufs.
9. Disposer harmonieusement les tranches de betteraves tièdes et les œufs pochés sur les assiettes et servir.

Remarque
Cette salade peut être réalisée avec d'autres viandes : gésier, lapin, porc. On peut aussi ajouter des légumes dans la salade : navet confit, oignon, châtaigne.

J.B.

Temps
de préparation :
1 h
Temps de cuisson :
17 mn en tout

Saint-véran

Salade de cuisses de grenouilles aux fèves fraîches

Proportions
(pour 4 personnes)

2 kg de fèves fraîches
3 à 4 douzaines de cuisses
de grenouilles
80 g de fines tranches de lard fumé
1 échalote moyenne
1 gousse d'ail
1 cuillère à café de crème double
30 g de beurre
1 oignon
huile
vinaigre de vin rouge
persil plat
farine
sel, poivre

1. Écosser les fèves, les mettre à cuire 2 minutes à l'eau bouillante. Les égoutter, laisser tiédir et les débarrasser de leur peau.
2. Désosser les cuisses de grenouilles, en passant simplement un couteau le long des os, des deux côtés.
3. Émincer les tranches de lard en très fine julienne (2 millimètres de côté).
4. Peler et hacher finement l'échalote et l'ail.
5. Laver, essorer et hacher la valeur d'une cuillère à soupe rase de persil.
6. Peler l'oignon et l'émincer en très fines rondelles.
7. Rissoler la julienne de lard, l'égoutter sur du papier absorbant.
8. Mettre les cuisses de grenouilles désossées dans une assiette creuse. Les assaisonner de sel et poivre et mélanger. Les poudrer avec une bonne pincée de farine, verser par-dessus une petite cuillère à thé de crème et mélanger avec la main : les cuisses de grenouilles doivent alors avoir l'air d'être enrobées d'une sorte de crème collante.

9. Verser une goutte d'huile dans une poêle antiadhésive et la chauffer fortement. Y jeter les cuisses de grenouilles et remuer à la spatule, elles se sépareront très facilement les unes des autres.
10. Dès que les cuisses commencent à dorer, ajouter l'ail, l'échalote, 30 grammes de beurre et terminer la cuisson à bon feu, jusqu'à ce qu'elles soient bien rissolées. Ajouter le persil, mélanger, retirer du feu.
11. Dans un grand bol, réunir les fèves, les lardons et l'oignon émincé. Mélanger et assaisonner avec sel, poivre, vinaigre de vin et huile d'arachide.
12. Sur chaque assiette, dresser la salade de fèves en couronne et déposer au centre les cuisses de grenouilles. Servir sans attendre. F.G.

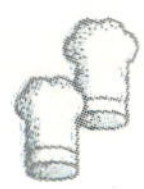

Temps
de préparation :
45 mn
Temps de cuisson :
25 mn

Savigny
ou santenay
servis
légèrement
frais

Salade de faisanes

Proportions
(pour 4 personnes)

2 faisanes n'excédant pas 1 kilo de poids en plumes chacune, préparées par le volailler
2 pieds de chicorée frisée
2 tomates
20 g de beurre
12 cl d'huile de noix
6 cl de vinaigre de vin
moutarde de Dijon
16 noix
1 croûton de pain de campagne
3 gousses d'ail en chemise
1 branche de thym
sel, poivre

voir photo p. 70

1. Chauffer une casserole en fonte où les faisanes puissent tenir toutes les deux côte à côte sans se chevaucher.
2. Faire fondre le beurre, rouler les oiseaux dedans et leur donner une belle couleur dorée.
3. Ajouter deux gousses d'ail en chemise, non épluchées, la branche de thym et couvrir la casserole. Cuire à feu doux pendant 25 minutes. Rajouter de l'eau de temps à autre, afin d'obtenir un bon jus brun.
4. En fin de cuisson, retirer les faisanes et laisser remonter le gras à la surface pour pouvoir mieux le retirer. Après réduction, il doit rester la valeur de 4 bonnes cuillères de jus.
5. Pendant la cuisson des faisanes, préparer la salade. Dans un saladier, réunir dans l'ordre suivant : la moutarde, le sel, le poivre et le vinaigre, remuer avec un fouet en ajoutant l'huile de noix par petites quantités. Éplucher la salade frisée, bien la laver, l'essorer et la réserver dans un linge.
6. Émonder les tomates, retirer graines et eau de végétation en les pressant, tailler la chair en 12 quartiers, les débarrasser et les assaisonner légèrement avec 2 cuillères de vinaigrette.
7. Éplucher les noix et mettre de côté les cerneaux obtenus.
8. Frotter le croûton de pain avec la dernière gousse d'ail épluchée. Tailler dedans des tranches de la taille d'une pièce de monnaie, imbiber la mie de quelques gouttes d'huile de noix.
9. Débrider les faisanes, lever les deux filets, retirer la peau. Les ailerons, les cuisses pourront être employés pour un salmis. Découper la chair des blancs en aiguillettes de 5 centimètres sur 5.
10. Garnir quatre grandes assiettes avec la salade verte que l'on a assaisonnée de la vinaigrette. Poser dessus les blancs de faisanes et répartir harmonieusement les quartiers de tomates, les noix et les croûtons. Au dernier instant, arroser du jus des faisanes que l'on a passé au chinois et fait légèrement tiédir. Servir immédiatement. J. et P.T.

Temps
de préparation :
20 mn
Temps de cuisson :
2 à 3 mn

Bourgueil
servi frais

Salade aux foies de volaille et croûtons à l'ail

Proportions
(pour 4 personnes)

8 branches de salade frisée,
8 belles feuilles de laitue,
8 feuilles de salade rouge,
1/2 botte de cresson et
8 branches de feuilles de chêne
nettoyées lavées et égouttées
8 feuilles de basilic
200 g de foies de volaille
1 grande tranche de pain
de ménage (25 g)
1 gousse d'ail épluchée
3 cuillères à potage de vinaigrette
au vinaigre de Xérès
50 g de beurre
sel, poivre du moulin

1. Nettoyer les foies de volaille, enlever le fiel et les couper en morceaux d'un centimètre.
2. Hacher grossièrement les feuilles de basilic.
3. Toaster la tranche de pain et la frotter de la gousse d'ail. La couper en petits dés d'un demi-centimètre.
4. Rassembler toutes les salades dans un grand saladier.
5. Dans une casserole moyenne, mettre le beurre à fondre sur feu assez vif, ajouter les foies de volaille et les assaisonner de sel et poivre. Les laisser cuire 2 à 3 minutes en les faisant colorer.
6. Pendant ce temps, dans le saladier, ajouter le basilic, les croûtons et la vinaigrette. Bien mélanger, goûter et vérifier si cette salade est suffisamment vinaigrée. La partager sur quatre assiettes froides.
7. Partager les foies de volaille sur la salade et servir aussitôt. P.W.

Temps
de préparation : 20 mn
Temps de cuisson :
haricots verts : 4 à 8 mn
asperges : 5 à 6 mn

Bordeaux
rouge léger
servi frais

Salade gourmande

Proportions
(pour 2 personnes)

180 g de haricots verts fins équeutés
12 pointes d'asperges fraîches
ou de conserve, bien épluchées
au couteau économe,
4 jolies feuilles de salade
(batavia rouge, trévise...)
1 cuillère à café rase d'échalote
hachée
60 g de foie gras frais
ou de conserve « mi-cuit »
1 truffe de 20 g crue ou de conserve
coupée en rondelles
(ou à défaut un gros champignon
de Paris)

Cuisson des légumes
1,5 litre d'eau
30 g de gros sel

Vinaigrette gourmande
1 cuillère à café de jus de citron
2 cuillères à café d'huile d'arachide
2 cuillères à café d'huile d'olive
1 cuillère à café de vinaigre
de Xérès
1 cuillère à café de cerfeuil
1 cuillère à café d'estragon
sel, poivre

1. Jeter les haricots verts dans la casserole remplie du litre et demi d'eau bouillante salée à 30 grammes de sel. Les cuire *al dente,* à découvert et à gros bouillons, entre 4 et 8 minutes selon leur grosseur. Les sortir rapidement de l'eau de cuisson à l'aide de l'écumoire et les plonger 10 secondes dans une bassine d'eau glacée ; puis les égoutter sur un égouttoir à pieds.
2. Si elles sont fraîches, procéder de la même façon pour les pointes d'asperges, qui pourront cuire à la suite dans la même eau de cuisson pendant 5 à 6 minutes.
3. Mélanger, comme pour une simple vinaigrette, mais à l'aide d'un petit fouet, et dans l'ordre suivant, le sel, le poivre et le jus de citron, les deux huiles, puis le vinaigre de Xérès, le cerfeuil et l'estragon.
4. Assaisonner séparément, dans trois saladiers, haricots verts, asperges et truffe avec la vinaigrette gourmande.
5. Sur les assiettes préalablement mises au réfrigérateur, disposer les feuilles de salade lavées et essorées dans le fond des assiettes plates ou du saladier. Dresser dessus, en forme de dôme, les haricots verts parsemés de l'échalote hachée, y planter çà et là les pointes d'asperges.
6. Tremper le petit couteau d'office dans l'eau chaude et détailler le foie gras en fines escalopes-copeaux.
7. Les répartir harmonieusement sur le dôme des haricots verts et décorer des rondelles de truffe.

Remarque
Si l'on ne dispose que de gros haricots verts, les couper en deux dans le sens de la longueur, pour les « amincir ». Faute de truffe, trancher de jolies lamelles dans un gros champignon de Paris, cru, bien frais et citronné. L'huile de noix et le vinaigre de vin remplacent à s'y méprendre l'huile d'arachide et le vinaigre de Xérès. M.G.

De haut en bas : *salade buissonnière aux poissons fumés, p. 48 ;*
salade gourmande ; salade de jambon d'aile de canard aux pois de jardin, p. 85.

Temps
de préparation : 15 mn
Temps de cuisson :
rondelles : 5 mn
lardons : 10 mn

Jurançon
légèrement
moelleux
servi frais

Salade grande ferme

Proportions
(pour 4 personnes)

1 grosse salade frisée bien jaune
40 g de beurre ramolli
à la température de la cuisine
16 rondelles de pain détaillées
dans une baguette
1 gousse d'ail épluchée
150 g de poitrine fumée de porc,
en 3 tranches détaillées chacune
en 12 petits lardons
80 g de roquefort
1 grosse cuillère à soupe de
pluches de cerfeuil ou de persil
plat frais haché
10 cl de vinaigrette
(Recettes de base, *p. 92*)

1. Éplucher la salade frisée au couteau d'office, en détacher les feuilles en coupant les plus grandes en deux ou trois ; les laver soigneusement deux fois à l'eau fraîche, essorer, puis les égoutter sur un linge.
2. Tartiner des 40 grammes de beurre ramolli les deux côtés des rondelles de pain. Faire chauffer la poêle et les y faire colorer sur les deux faces pour les rendre croustillantes. Les frotter alors à la gousse d'ail et les tenir au chaud sur une assiette posée sur la porte ouverte du four, préalablement chauffé à 150 °C.
3. Dans la même poêle, chauffée à nouveau, faire sauter et colorer les lardons, sans ajouter de matière grasse, le lard se suffisant à lui-même.
4. Assaisonner la salade frisée avec la vinaigrette dans le saladier de service. Retourner avec le couvert à salade, en ajoutant les croûtons aillés et le roquefort préalablement émietté à la fourchette.
5. Parsemer des pluches de cerfeuil ou de persil plat haché et présenter dans le saladier.

Remarque
La meilleure façon d'assaisonner parfaitement une salade est de se servir de ses deux mains pour la retourner lorsque l'on y a versé la vinaigrette.

M.G.

Quand la salade révèle des talents cachés

C'est par hasard que le chevalier d'Albignac fit fortune grâce à ses talents... d'assaisonneur.
Cela se passait à Londres, pendant l'émigration de la noblesse sous la Révolution Française. Remarqué d'abord par quelques maîtresses de maison, le chevalier devint un véritable professionnel, un « salad maker ». Il faisait ses tournées à domicile, accompagné d'un domestique qui transportait tous les ingrédients dans un nécessaire en acajou : vinaigres, huiles, soja, anchois, truffes, ketchup, jus divers, œufs et même caviar. Il gagna ainsi de quoi s'acheter une propriété dans le Limousin où il vécut de ses rentes.

Temps
de préparation :
30 mn en tout
Temps de cuisson :
17 à 34 mn en tout

Bandol blanc

Salade de jambon d'aile de canard aux pois de jardin

Proportions
(pour 2 personnes)
1 magret de canard de 350 g
15 g de gros sel
1 pincée de fleurs de thym
1 coin de feuille de laurier
4 grains de coriandre et
4 grains de poivre concassés
5 cl de sauce vinaigrette gourmande
(voir « Salade gourmande », *p. 83*),
soit 3 cuillères à soupe

Cuisson des petits oignons
1/2 litre d'eau
8 g de gros sel
8 petits oignons nouveaux ou secs appelés « grelots », épluchés

Cuisson des petits pois
et de la laitue
1 litre d'eau
15 g de gros sel
100 g de petits pois écossés
1/2 laitue

voir photo p. 82

1. *Quinze jours à l'avance,* déposer le magret de canard, peau en dessous, au fond d'un petit plat ovale. Éparpiller dessus les 15 grammes de gros sel, la pincée de fleurs de thym, le coin de feuille de laurier, les grains de coriandre et de poivre concassés. Le laisser reposer ainsi au réfrigérateur 24 heures sous le sel, qui se trouvera absorbé progressivement pendant ce temps.
2. Le lendemain, l'envelopper, tel quel, dans un petit linge étamine en le ficelant comme un saucisson. Le suspendre en hauteur, à l'abri du courant d'air, dans un endroit sec, pendant 12 à 15 jours. Il est à point lorsqu'en le pressant entre le pouce et l'index on rencontre une résistance à la fois ferme et souple.
3. Le jour même : dans une casserole inoxydable, faire bouillir le demi-litre d'eau salée à 8 grammes de gros sel et y laisser cuire les petits oignons pendant 7 minutes, s'ils sont nouveaux, ou 15 minutes s'ils sont secs. Égoutter à l'écumoire et jeter l'eau.
4. Dans la même casserole, faire bouillir le litre d'eau salée à 15 grammes de gros sel, y jeter les petits pois, les maintenir à plein feu 15 minutes s'ils sont frais et extra-fins, et 6 minutes s'ils sont surgelés. Les égoutter sur un égouttoir à pieds, ne pas jeter leur eau de cuisson.
5. Pendant ce temps, laver la demi-laitue. Lui ôter 2 grandes feuilles creuses du cœur, qui serviront de réceptacle à la salade de petits pois. Cuire le reste à plein feu dans l'eau de cuisson des petits pois pendant 4 minutes, puis l'égoutter à l'écumoire.
6. Détacher les feuilles de la salade cuite ; trancher et ôter leurs grosses côtes à l'aide du petit couteau d'office. Mélanger délicatement dans le saladier les petits pois, les oignons, la salade et la sauce vinaigrette gourmande. En remplir les deux feuilles creuses prélevées au cœur et les déposer au milieu de chaque assiette.
7. Dégager le magret de son étamine, le parer en ne le laissant enrobé que de 2 millimètres de graisse. Le détailler, à l'aide d'un couteau souple, en très fines tranches presque transparentes. Les ranger en couronne autour de la salade de petits pois, en épousant le rond de l'assiette et en leur donnant un joli mouvement ondulant. Les assaisonner de quelques tours de moulin à poivre.

Remarque
Le jambon de Parme peut remplacer au pied levé le magret d'aile de canard. La salade de petits pois peut être réalisée à partir de 100 grammes de petits pois de conserve traités « à la française » ou à l'étuvée. Il suffit de les rincer sous le robinet d'eau fraîche, de les assaisonner et de les présenter comme précédemment.
L'été, on ajoutera autour quelques copeaux de melon juteux, partenaire convoité de tous les jambons du monde. M.G.

Temps
de préparation :
1 h 20 mn
Temps de cuisson :
environ 40 mn en tout

Saint-véran

Salade de lapereau, grenouilles et mousserons

Proportions
(pour 4 personnes)

3 dos de lapereaux de 300 g
400 g de grenouilles
300 g de mousserons
100 g de pourpier
1 salade frisée
2 tomates
20 g d'échalotes hachées
5 cl de vin blanc
60 g de beurre
vinaigrette
sel, poivre

voir photo p. 47

1. Parer les filets de lapereaux et les désosser. Concasser finement les os.
2. Désosser les cuisses de grenouilles. Conserver les chairs d'un côté et les os de l'autre pour la suite de cette recette.
3. Ébouillanter les tomates pour enlever les peaux. Tailler leur chair en petits dés.
4. Séparer les pieds des mousserons des têtes pour ne conserver que ces dernières (en effet les pieds sont très durs). Les laver plusieurs fois, puis les sécher dans un linge.
5. Trier la salade frisée en ne conservant pour la recette que les feuilles blanches. Trier le pourpier. Laver les deux salades séparément plusieurs fois. Les essorer.
6. Assaisonner et cuire les filets de lapereaux dans une sauteuse en les tenant saignants.
7. Mettre les os de lapereaux et de grenouilles dans la sauteuse et donner une légère coloration. Ajouter le vin blanc et l'échalote hachée. Faire réduire à sec et mouiller avec 30 centilitres d'eau froide. Cuire à feu doux, jusqu'à réduction de moitié. Passer au chinois fin, dégraisser et réserver au coin du fourneau.
8. Poêler les mousserons avec 10 grammes de beurre. Les assaisonner et les laisser à l'entrée du four.
9. Assaisonner et fariner les grenouilles. Les faire sauter vivement dans une poêle chaude avec une goutte d'huile et une noix de beurre, en ajoutant 10 grammes d'échalote en fin de cuisson. Les égoutter dans une passette et les réserver avec les mousserons.
10. Assaisonner la salade frisée, les dés de tomate et le pourpier avec la vinaigrette.
11. Juste avant le dressage, repoêler les filets de lapereaux pour les réchauffer et donner une ébullition au jus en lui incorporant 10 grammes de beurre.
12. Couper les filets de lapereaux en fines lamelles de deux millimètres d'épaisseur.
13. Les dresser en rosaces dans quatre grandes assiettes plates. Répartir le pourpier et les grenouilles au centre de ces rosaces. Disposer autour les mousserons, la salade frisée et les dés de tomate. Napper les filets de lapereau de jus chaud.

M. et J.-M. L.

Temps
de préparation :
20 mn
Temps de cuisson :
œufs : 8 mn

Eau

Salade multicolore

Proportions
(pour 4 personnes)

1 belle batavia
100 g de jambon de Paris
1 botte de radis
2 tomates
1 petit poivron rouge
2 œufs
vinaigrette aux fines herbes
(Recettes de base, *p. 92*)

1. Faire durcir les œufs.
2. Pendant ce temps, laver et éplucher la salade.
3. Faire la vinaigrette. Dans un saladier, assaisonner la salade avec la moitié de la vinaigrette.
4. Couper le jambon en dés, le mettre dans un grand bol.

Foies de volaille aux épinards crus, p. 73.

5. Nettoyer les radis, les couper en rondelles, ajouter celles-ci aux dés de jambon.
6. Mettre les œufs dans une casserole d'eau froide.
7. Laver et essuyer le poivron. Oter les graines. Le couper en quatre, puis le détailler en fines lamelles. Ajouter celles-ci au jambon et aux radis. Avec la moitié du restant de vinaigrette, assaisonner, bien mélanger et verser sur la salade.
8. Écaler les œufs, les couper en quartiers.
9. Couper les tomates en quartiers.
10. Disposer sur la salade, en alternant, quartiers d'œufs et de tomates. Napper du restant de vinaigrette.

Remarque
On peut enrichir cette salade avec de l'emmental ou des champignons de Paris.

Temps de préparation : 25 mn
Temps de cuisson : 2 mn

 Saint-véran

Salade nouvelle

Proportions
(pour 4 personnes)

280 g de foie gras de canard cru
240 g d'épinards crus en branches
2 œufs durs
1/2 citron
2 cl de vinaigre de vin
4 cl d'huile d'arachide
15 cl d'huile d'olive vierge
1 cuillère à café de moutarde blanche
sel, poivre

1. Le foie gras : plonger le foie de canard dans une casserole d'eau bouillante salée, reprendre l'ébullition pendant une minute et le laisser refroidir dans sa cuisson. Il est préférable de faire cette opération la veille, afin que le foie reprenne toute sa fermeté.
2. Les épinards : ils doivent être choisis jeunes et tendres. Tirer sur la queue en remontant, de façon à enlever la nervure centrale. Après les avoir équeutés, les laver à grande eau, les essorer, les essuyer entre deux linges.
3. La sauce : dans un saladier, mélanger les 2 jaunes d'œufs durs pilés avec la moutarde, le jus de citron, le sel, le poivre, et, en fouettant énergiquement, monter cette sauce en incorporant l'huile d'olive par petites doses.
4. Retirer le foie de sa cuisson et le trancher sur l'épaisseur en tranches fines de 15 grammes environ. Poser les tranches sur une plaque et les assaisonner de sel et poivre.
5. Mettre les épinards dans un saladier et les mélanger à la sauce. Les répartir sur quatre assiettes tièdes.
6. Chauffer 2 grandes poêles, verser l'huile d'arachide et, lorsqu'elle est fumante, faire revenir les tranches de foie une minute sur chaque face.
7. Les dresser en étoile sur les épinards.
8. Retirer la graisse de la poêle et la déglacer avec le vinaigre. Pendant cette opération, passer les quatre assiettes au four quelques secondes, puis les retirer.
9. Humecter de vinaigre bouillant chaque tranche de foie gras, avec le dos d'une cuillère. Servir immédiatement.

J. et P.T.

Temps
de préparation :
45 mn
Temps de cuisson :
14 à 15 mn en tout

Cassis rouge
servi frais

Salade de pigeon aux amandes et mousse de champignon

Proportions
(pour 4 personnes)

4 pigeons
300 g de champignons de Paris
15 cl d'huile de noix
100 g de beurre
200 g de mâche
1 échalote
24 amandes fraîches
(ou 50 g d'amandes effilées)
1 cuillère à soupe de vinaigre de vin
1 cuillère à café de moutarde de Dijon
1 citron
sel, poivre du moulin

À l'avance

1. Gratter et laver les champignons à l'eau courante. Les couper en quatre et les mettre à cuire 5 minutes avec 50 grammes de beurre, une cuillère d'eau, le jus du citron, sel et poivre.
2. Les égoutter et verser tel quel dans le bol d'un mixeur contenant 5 centilitres d'huile de noix. Mixer à chaud jusqu'à obtention d'une mousse légère et crémeuse. Débarrasser dans un bol en verre, mettre à refroidir sur glace et au réfrigérateur pendant 3 heures au moins.
3. Pendant ce temps, lever les filets des pigeons, ainsi que les cuisses, enlever la peau des filets et les dénerver. Flamber légèrement les cuisses, les fendre à hauteur de l'articulation du gras de la cuisse, afin de faciliter la cuisson.
4. Couper chaque amande en deux. Sortir le fruit, ôter la pellicule brune qui l'enrobe.
5. Nettoyer la mâche en l'équeutant légèrement, la plonger rapidement dans l'eau froide, puis l'égoutter.

Au moment même

6. Avec le reste d'huile de noix, une cuillère de vinaigre de vin, une cuillère à café de moutarde de Dijon, sel et poivre, faire une vinaigrette.
7. Dans un sautoir ou une poêle, faire chauffer 50 grammes de beurre et mettre les cuisses à cuire à point 7 à 8 minutes. Ajouter les filets de pigeon et les faire revenir rapidement 30 secondes de chaque côté, afin qu'ils restent bien rosés.
8. Égoutter les cuisses et les filets. Détailler les filets bien rosés en lames fines.
9. Sortir le bol de mousse de champignon. Dans chaque assiette, disposer en V deux quenelles de mousse moulées à l'aide d'une cuillère. Piquer le dôme de chaque quenelle de demi-amandes fraîches. Faire chevaucher sur chaque quenelle un filet de pigeon escalopé.
10. Dans le creux du V, disposer un petit bouquet de mâche assaisonnée de vinaigrette, puis deux cuisses par assiette à la base du V.
11. Hacher finement l'échalote, en parsemer les aiguillettes de pigeon. Au moment de servir, poivrer d'un tour de moulin et voiler les aiguillettes de pigeon d'un peu de vinaigrette.

Remarque

L'emploi d'amandes effilées est plus simple pour la réalisation et le dressage de cette salade, mais en modifie le goût général. Pour ouvrir les coquilles d'amandes, soit les fendre en deux à l'aide d'un couteau, soit les briser d'un léger coup sec avec un petit marteau. Quelques croûtons rôtis, tartinés de foie de pigeon cuit écrasé, accompagnent très bien cette salade. J.M.

Temps
de préparation :
pâte : 10 mn + repos 40 mn
Temps de cuisson :
10 mn en tout

Cahors
jeune
servi
légèrement
frais

Salade de pigeon aux truffes

Proportions
(pour 4 personnes)

2 pigeons
salade doucette ou mesclun
60 g de truffes fraîches
2 fonds d'artichauts
10 cl de jus de truffe
vinaigrette classique
(Recettes de base, *p. 92*)
20 g de foie gras

Pâte à raviolis

200 g de farine
10 cl d'eau chaude
1 cuillère à dessert d'huile d'olive
12 g de sel

1. Deux heures à l'avance, faire la pâte à raviolis. Mettre la farine, le sel et l'huile dans une terrine. Verser l'eau chaude en remuant avec une spatule en bois. Finir la pâte en la travaillant bien à la main. Laisser reposer une heure.
2. Étaler la pâte au rouleau et découper quatre carrés de 6 centimètres de côté, dans lesquels on enroulera les cuisses de pigeon. Désosser celles-ci, de façon à ne conserver que la patte, qui servira à l'attraper avec les doigts.
3. Allumer le four à 220 °C.
4. Couper le foie gras, le foie et le cœur du pigeon en cubes. Saler, poivrer, saupoudrer de ciboulette et faire sauter vivement à la poêle. Laisser refroidir 30 minutes au réfrigérateur, puis en farcir les 4 cuisses de pigeons. Enfermer chacune d'entre elles dans une petite bourse constituée avec les carrés de pâte à raviolis.
5. Lever les ailes des pigeons et les cuire 5 minutes dans une poêle au four très chaud.
6. Dresser la salade et les fonds d'artichauts coupés en petits cubes en dôme.
7. Émincer les truffes en petites lamelles le plus fin possible ; les assaisonner avec la vinaigrette, à laquelle on aura incorporé le jus de truffe, et les dresser sur la salade de manière à la recouvrir en prenant bien soin de ne pas les briser.
8. Cuire les raviolis 5 minutes à l'eau bouillante. Les égoutter et les faire dorer 2 minutes dans la poêle qui aura servi pour cuire les ailes.
9. Émincer les ailes et les disposer chaudes en rosace sur les truffes. Poser les raviolis à côté. Donner un tour de moulin à poivre et servir tout de suite.

J.-M.A.

Temps
de préparation :
45 mn
Temps de cuisson :
30 mn

Saumur-
champigny
servi
frais

Salade de pintadeau, de reine des glaces, feuilles de chêne et éclergeons à l'huile de noix et chapons

Proportions
(pour 3 personnes)

Fond de poêlage

1 pintadeau de 1,300 kg
150 g de beurre
les parures, le foie écrasé
1 carotte
1/3 de branche de céleri
2 oignons nouveaux
2 cuillères de madère
3 cuillères d'eau

Sauce vinaigrette

5 cl de jus de cuisson du pintadeau
2 cuillères de jus de truffes
3 cuillères de vinaigre de vin
3 cuillères d'huile de noix
sel, poivre
cerfeuil au goût

Chapons (croûtons à l'ail)

1 gousse d'ail
quelques croûtes de pain
1 cuillère d'huile de noix

1. Poêler le pintadeau de façon à le garder moelleux. Le colorer au beurre sur chaque face, ajouter la garniture coupée en grosses rouelles de façon à ce que les légumes ne brûlent pas. On peut aussi mettre la garniture dès le départ, la cuisson s'en trouvera légèrement modifiée, on aura surtout un jus meilleur (27 minutes de poêlage en tout).
2. Laisser refroidir le pintadeau doucement sur une assiette pendant 10 minutes. Terminer le jus par le déglaçage au madère et à l'eau. Passer à l'étamine.
3. Lever les cuisses, les suprêmes, réserver les filets mignons. On garde les pilons (que l'on ne sert pas), les ailerons, la carcasse pour un jus ultérieur.
4. Escaloper les suprêmes en 6 escalopes très fines, couper chaque gras de cuisse en 3 morceaux en suivant les muscles.
5. Laisser infuser escalopes et gras de cuisse avec la sauce vinaigrette et le cerfeuil.

Salade de pigeon aux truffes.

Sauce de la salade
1 foie de volaille
1 cuillère à café de moutarde
2 cuillères à soupe de vinaigre de vin
1 cuillère et demie d'huile de noix
15 g de beurre
6 gouttes de fine champagne

Les salades
300 g d'un mélange de salades : éclergeons, reine des glaces, feuilles de chênes, roquettes, chicorée et une laitue blonde ou brune suivant l'époque.

6. Pendant la cuisson du pintadeau, trier et laver la salade. Préparer la sauce : colorer au beurre dans une petite poêle le foie de volaille. Le déglacer avec quelques gouttes de fine champagne. Passer le foie au tamis fin. À la fourchette, mélanger moutarde, sel, poivre, vinaigre de vin rouge, huile de noix : mettre au goût.
7. Frotter les croûtes de pain avec l'ail, les parfumer d'huile de noix.
8. Sur une très grande assiette, dresser 4 escalopes en rosace, 2 morceaux de gras de cuisse et deux tiers de filet mignon . Sur le « haut » de l'assiette, disposer une poignée de salade, bien égouttée et bien remuée avec la sauce (pas trop tout de même, pour ne pas « cuire » la salade). Placer les chapons sur la salade. Napper la viande à la cuillère, avec le reste de sauce. Donner un petit tour de moulin de poivre « avant de partir ». A.C.

Temps de préparation : 20 mn
Temps de cuisson : 35 mn en tout

Eau ou bière

Salade de pissenlits au lard

Proportions
(pour 4 personnes)
250 à 300 g de petits pissenlits sauvages
150 g de pommes de terre
150 g de lard de poitrine maigre 1/2 sel
1 échalote
1 oignon
2 cuillères à soupe de vinaigre de vin
sel, poivre

1. Faire cuire les pommes de terre à l'eau avec leur peau, 20 à 30 minutes.
2. Éplucher les pissenlits. Laver, essorer à fond, partager chaque pied en deux ou en quatre selon sa grosseur.
3. Couper le lard en petits morceaux de un centimètre, mettre ceux-ci dans une poêle, sur feu doux, pour que le gras du lard fonde bien. Laisser chauffer, jusqu'à ce que les dés de lard croustillent.
4. Mettre les pissenlits dans une cocotte. Ajouter l'échalote et l'oignon pelés et finement hachés, les pommes de terre pelées et écrasées à la fourchette. Placer sur feu doux.
5. Ajouter le vinaigre au contenu de la poêle, donner deux ou trois bouillons, verser sur la salade. Remuer, saler si nécessaire, poivrer. Servir aussitôt.

Remarque
Une salade qui se retrouve dans de nombreuses régions avec quelques variantes. Ici, il s'agit de la recette champenoise, qui ne peut se préparer qu'au printemps (mars à mai), car elle nécessite des petits pissenlits des prés, très verts et très amers. Elle doit se servir chaude ; certains la remuent dans un saladier chaud, d'autres directement sur une cocotte à feu doux, car, s'il ne faut pas la cuire, il faut néanmoins faire « tomber » les pissenlits.
C.T./C.V.

Temps de préparation : 25 mn
Temps de cuisson : 30 à 40 mn en tout

Eau

Salade de pissenlits à la chaude meurotte

Proportions
(pour 8 personnes)
600 g de pommes de terre
400 g de petits pissenlits verts
150 g de lard de poitrine maigre
3 cuillères à soupe d'huile
4 cuillères à soupe de vinaigre de vin
2 échalotes
8 à 10 tiges de ciboulette
sel, poivre

1. Faire cuire les pommes de terre à l'eau avec leur peau, de 20 à 30 minutes selon leur grosseur.
2. Trier, laver et bien sécher les pissenlits. Couper les plus gros pieds en deux ou en quatre. Les mettre dans un saladier.
3. Vers la fin de la cuisson des pommes de terre, couper le lard en petits lardons, faire fondre ceux-ci sur feu doux, jusqu'à ce qu'ils aient rendu leur graisse et soient bien rissolés.
4. Éplucher les pommes de terre encore chaudes, les couper en tranches

dans un deuxième saladier. Sans attendre, les arroser avec l'huile et une cuillère de vinaigre dans laquelle on aura fait dissoudre le sel. Poivrer, ajouter les échalotes pelées et finement hachées et la ciboulette ciselée. Remuer.
5. Les lardons étant prêts, les verser sur les pissenlits avec le gras rendu. Mettre le reste de vinaigre dans la poêle, donner deux ou trois bouillons, verser sur les pissenlits. Remuer.
6. Ajouter aux pissenlits la salade de pomme de terre encore chaude, ce qui est indispensable, et servir sans attendre.

Remarque
En Lorraine, où l'on utilise beaucoup le beurre, la crème, les lardons (que l'on aime bien dorés, bien croustillants) et les œufs, on a en conséquence imaginé des sauces ou préparations les combinant, auxquelles on a donné des noms particuliers. Ainsi, la « sauce messine », associant crème, beurre manié, moutarde, jaunes d'œufs, échalotes, citron et herbes, inséparable du brochet ; ou la « meurotte », indispensable à cette salade de pissenlits. L'ordre de la préparation est un facteur de réussite. C.T./C.V.

Temps
de préparation :
20 mn
Temps de cuisson :
légumes : 10 mn

Bière

Salade de pot-au-feu de langue

Proportions
(pour 4 personnes)
150 g de langue écarlate
150 g de boudin de langue
150 g de galantine de langue
laitue, trévise
1 botte de cresson
100 g de carottes
50 g de navets
vinaigrette au vinaigre de Xérès
ail, ciboulette

voir photo p. 95

En réalité, il s'agit de plusieurs assemblages de salades.
1. Trancher la langue écarlate, le boudin de langue et la galantine de langue.
2. Faire cuire carottes et navets 10 minutes à l'eau bouillante très salée.
3. Nettoyer, puis essorer les salades.
4. Préparer une vinaigrette au vinaigre de Xérès. L'additionner de ciboulette hachée et d'ail pilé.
5. Dans un saladier, disposer les petits légumes, la langue écarlate et le cresson.
6. Dans un autre, le boudin de langue et la laitue.
7. Dans un troisième, la galantine de langue et la salade de trévise.
8. Tenir la vinaigrette près des saladiers. Chacun assaisonnera à son goût dans son assiette.

* Idéal pour un buffet rustique. P.D.

Temps
de préparation :
49 à 45 mn
Temps de cuisson :
13 à 16 mn en tout

Sylvaner

Salade de poulet

Proportions
(pour 7 ou 8 personnes)
1 petit poulet rôti froid
1 laitue
7 ou 8 petites tomates, olivettes de préférence
7 œufs
1 pied de céleri en branches
4 à 5 tranches fines de poitrine fumée
1 bol et demi de mayonnaise au ketchup

1. Faire couper la poitrine fumée en tranches fines par le charcutier.
2. Préparer la laitue, en coupant les feuilles en deux ou trois morceaux.
3. Faire durcir les œufs.
4. Laver et couper les tomates en rondelles, retirer les graines.
5. Préparer le céleri. Détailler les branches en fins morceaux dans le sens perpendiculaire à la longueur.
6. Éplucher les œufs, les couper en rondelles avec un coupe-œuf.
7. Désosser les morceaux de poulet, retirer la peau, trancher les chairs en fines escalopes de la taille d'une bouchée.

8. Faire une mayonnaise au ketchup ; préparer une mayonnaise au naturel (*Recettes de base,* p. 93) et incorporer le ketchup dans les proportions suivantes : un quart de ketchup pour trois quarts de mayonnaise. La laisser à la température de la pièce.
9. Dans un grand saladier, disposer une couche de feuilles de laitue, de tomates, de petits morceaux de céleri, de morceaux de poulet et de rondelles d'œufs durs soigneusement superposés, tartiner généreusement de mayonnaise au ketchup et recommencer une autre couche avec les mêmes ingrédients ; tartiner à nouveau de mayonnaise et continuer jusqu'à épuisement de tous les éléments.
10. Retirer le cartilage et la couenne des tranches de poitrine fumée, les couper en deux dans le sens de la largeur. Dans une poêle, à feu moyen, poser les tranches de poitrine fumée et les faire dorer et rissoler des deux côtés, jusqu'à ce qu'elles soient croustillantes. Les retirer avec une écumoire pour ne pas prendre de graisse, les réserver sur une assiette et les disposer ensuite sur la salade. Chacun se servira en plongeant jusqu'au fond du saladier pour avoir de toutes les couches successives. M.J.

Remarque
Tous les ingrédients, sauf la poitrine fumée, peuvent être préparés à l'avance et conservés séparément au frais dans des boîtes hermétiques. On dispose et on termine la salade au dernier moment.

Temps
de préparation : 35 mn
Temps de cuisson :
foie : 15 à 20 mn
râble : 20 mn

Vin blanc sec
(graves, côtes-de-provence)

Salade de râble de lapereau aux feuilles de mesclun

Proportions
(pour 2 personnes)
1 foie et 1 râble pris sur un jeune lapin de 2 kg (utiliser le reste du lapin pour faire un gâteau de lapereau en gelée (voir « Hors-d'œuvre et Entrées froides, *p. 92)*
100 g de saindoux, ou mieux, de graisse d'oie ou de canard
70 g de beurre
2 poignées de salade mélangée (trévise, mâche, chicorée frisée, romaine, scarole ou, si vous êtes en Provence, un mesclun de paysan)
200 g de champignons blancs de Paris
1 tomate bien mûre de 150 g
sel, poivre
Facultatif
8 pointes d'asperges vertes
60 g de foie gras de canard
2 lames de truffe noire

1. Retirer le fiel du foie du lapereau. Saler et poivrer. Mettre le foie dans une petite casserole avec 100 grammes de graisse de canard ou du saindoux fondu. Laisser à feu très foux pendant 15 à 20 minutes. Réserver sur une assiette.
2. Découper le râble du lapereau, qui se situe entre la première côte et les cuisses. Retirer la peau du ventre, en la coupant au ras de la chair qui couvre les côtes. À l'aide d'un couteau très fin et très tranchant, retirer la fine peau transparente qui recouvre la chair blanche ainsi mise à nu.
3. Saler et poivrer. Ranger le râble dans une petite cocotte de fonte avec 20 grammes de beurre. Couvrir et mettre à cuire à feu très doux pendant 20 minutes, en veillant à ce que le lapereau reste bien blanc et que le beurre garde sa couleur blanche crémeuse. Pour s'assurer de la parfaite cuisson du lapereau, piquer dans le filet avec une aiguille de cuisine ou une pointe de brochette : la perle du jus qui apparaîtra à la piqûre doit être très claire et blanche.
4. Pendant la cuisson, préparer la salade. Laver le mesclun. Monder la tomate, la couper en deux, la presser pour en retirer les graines et l'eau. La détailler en gros dés.
5. Laver et couper en fines lamelles les champignons de Paris.
6. Trancher le foie du lapereau en longues tranches fines, garder celles-ci au chaud.
7. Prendre le râble, trancher de fines et longues tranches parallèlement à l'os dorsal. Garder également au chaud.
8. Faire tiédir deux assiettes creuses en les passant sous l'eau tiède. Les essuyer, garnir leur fond de salade bien égouttée et de fines rondelles de

Salade de pot-au-feu de langue, p. 93.

champignons. Ranger par-dessus, d'un côté, les filets de lapereau, de l'autre, les tranches de foie. Dresser un bouquet de tomate au milieu. Tenir au chaud.
9. Remettre la cocotte au feu avec son beurre de cuisson. Ajouter 3 cuillères à soupe d'eau, saler d'une pincée de sel fin. Laisser bouillir, ajouter 50 grammes de beurre, en fouettant vivement pour obtenir une émulsion.
10. Retirer la cocotte du feu. Mélanger une cuillère à soupe de cerfeuil haché. Saler légèrement les assiettes, puis poivrer, et partager le beurre chaud sur chacune d'elles. Servir immédiatement.

Remarque
Une variante, plus coûteuse, de cette recette : y ajouter 8 pointes d'asperges (mises à cuire 15 minutes dans un demi-litre d'eau) dressées en bouquet, ainsi qu'une tranche de foie de canard recouverte d'une truffe noire. On peut également remplacer le cerfeuil dans le beurre par une cuillère à soupe de truffe fraîche et crue, hachée. R.V.

Temps de préparation : 30 mn
Temps de cuisson : 20 mn

Sancerre

Salade de ris de veau aux poireaux frits

Proportions
(pour 4 personnes)
4 ris de veau
2 tomates
1/2 poivron rouge
1 trait de xérès
2 poireaux
50 g de beurre
3 cuillères à soupe de vinaigre de Xérès
1 litre d'huile de friture
sel, poivre

1. Faire dégorger les ris de veau pendant 3 heures sous l'eau froide courante et les blanchir. Les rafraîchir, puis les éplucher et les mettre entre deux assiettes (afin de les presser un peu). Réserver.
2. Émonder les tomates, les concasser et réserver.
3. Passer le poivron au gril du four pour que la peau noircisse et se boursoufle, la retirer et couper le poivron en lanières ; l'assaisonner d'un trait de xérès. Réserver.
4. Couper les poireaux en grosse julienne (environ 8 centimètres de longueur). Faire chauffer l'huile dans une grande casserole et la maintenir très chaude.
5. Pendant que l'huile chauffe, escaloper les ris de veau (un centimètre d'épaisseur), les faire cuire dans une poêle avec du beurre et une cuillère d'huile, les faire dorer, assaisonner. Les égoutter sur un papier absorbant, les tenir au chaud. Jeter le gras de la poêle, ajouter le vinaigre de Xérès, la tomate concassée, chauffer 2 minutes, passer au chinois fin.
6. Faire frire les poireaux dans l'huile et bien les égoutter.
7. Dresser les ris de veau au fond des assiettes chaudes, napper de sauce et disposer les poireaux et les poivrons sur les ris de veau. R.G./M.J.

Temps de préparation : 30 mn
Temps de cuisson : 32 mn en tout

Bière

Salade de riz

Proportions
(pour 4 personnes)
300 g de riz long grain
2 saucisses de Francfort
100 g de poitrine fumée
1 petite boîte de petits pois extra-fins

1. Faire bouillir de l'eau salée. Y jeter le riz, le laisser cuire pendant 20 minutes.
2. Faire pocher les saucisses de Francfort deux minutes à l'eau bouillante. Les égoutter, les couper en rondelles.
3. Détailler la poitrine fumée en lardons, faire rissoler ceux-ci 10 minutes à la poêle, les retirer avec une écumoire.
4. Lorsque le riz est cuit, l'égoutter dans une passoire.

100 g d'olives vertes farcies au poivron
12 oignons au vinaigre
8 cornichons
vinaigrette classique
(Recettes de base, *p. 92*)

voir photo p. 105

5. Couper les olives vertes farcies au poivron et les cornichons en rondelles.
6. Verser les petits pois dans une casserole, dans leur jus. Les faire tiédir, les égoutter.
7. Faire la vinaigrette, verser dans un saladier et ajouter le riz, les saucisses, les lardons, les olives, les petits pois, les cornichons et les oignons. Bien mélanger, réserver au frais.

Temps de préparation : 40 à 45 mn
Temps de cuisson : 35 à 40 mn en tout

Bière

Salade de veau froid, céleri et pommes de terre

Proportions
(pour 7 ou 8 personnes)

1/2 boule de céleri-rave
600 g de pommes de terre BF 15 moyennes
restes de veau froid rôti, équivalant à 5 ou 6 tranches de rôti
3 tranches de jambon de Paris
3 échalotes
7 ou 8 cornichons moyens
1 bol de mayonnaise au naturel
(Recettes de base, *p. 93*)

1. Éplucher le céleri, le couper en petits dés et le faire cuire ferme à l'eau bouillante.
2. Cuire les pommes de terre en robe des champs, les éplucher et les couper en petits dés semblables à ceux de céleri.
3. Retirer la couenne et le gras du jambon de Paris, le couper en fins bâtonnets.
4. Parer les restes de rôti de veau en retirant le gras et éventuellement les parties nerveuses, les émincer en petites bouchées.
5. Couper les cornichons en fines rondelles. Éplucher les échalotes et les couper en très fines rondelles.
6. Faire une mayonnaise au naturel bien relevée.
7. Dans un grand saladier, mélanger tous les ingrédients à l'aide de deux cuillères en bois, de manière que la mayonnaise soit bien incorporée à tous les éléments. Verser dans le saladier de service et servir.

Variante
On peut remplacer le veau par du porc rôti ou du lapin froid, le jambon par de la langue en pot-au-feu ou de la langue écarlate prise chez le charcutier.

M.J.

Temps de préparation : 15 mn
Temps de cuisson :
foies : 3 mn
œufs : 8 mn

Bourgogne-aligoté

Saladier lyonnais

Proportions
(pour 4 personnes)

4 cuillères à soupe d'huile
1 cuillère à soupe de vinaigre
2 foies de poulet
2 à 4 œufs
2 à 4 pieds de mouton cuits et désossés, de préférence encore tièdes
2 filets de hareng marinés au vinaigre
2 branches de persil
3 ou 4 feuilles d'estragon
2 ou 3 branches de cerfeuil
3 ou 4 tiges de ciboulette
sel, poivre

1. Dans un saladier, préparer une vinaigrette avec le sel, le vinaigre, 3 cuillères d'huile et le poivre du moulin. Battre pour émulsionner.
2. Dans une poêle, avec la dernière cuillère d'huile, faire raidir les foies sur toutes leurs faces à feu moyen, sans trop les racornir.
3. Faire durcir les œufs.
4. Dans le saladier, couper les pieds de mouton en dés, ainsi que les foies de volaille et les filets de hareng bien égouttés. Ajouter les herbes finement hachées ou ciselées, remuer.
5. Garnir des œufs en quartiers pour servir.

C.T./C.V.

Salades à base de fromages

Gelée de bœuf au fromage de chèvre frais, p. 103.

Les salades à base de fromages

Elles sont nourrissantes et souvent riches en calories. Si on les sert en entrée, on prévoira donc des portions légères, sans rechercher des mélanges trop compliqués : deux, trois éléments suffisent à créer une harmonie plaisante qui ouvre l'appétit pour la suite.

En fin de repas, ces salades sont une façon astucieuse de conjuguer deux étapes. Si le plat principal n'a pas été trop important, on ne craindra pas de les enrichir. Et c'est là que s'appréciera vraiment le plein contraste des saveurs : sucré-salé, croquant-moelleux... Car la salade, en réalité, est un faire-valoir idéal pour les différentes sortes de fromages.

Temps de préparation : 10 mn

Rosé-de-provence

Mesclun au roquefort et aux noix

Proportions
(pour 4 personnes)

400 g de mesclun
60 g de roquefort
40 g de cerneaux de noix
5 cuillères à soupe d'huile
1 cuillère à café de moutarde
le jus de 1/2 citron
1 cuillère à soupe de cognac
sel, poivre

1. Laver la salade, l'essorer et bien l'égoutter.
2. Faire la sauce dans un saladier : émietter le roquefort, le délayer avec l'huile, la moutarde, le jus de citron et le cognac ; saler et poivrer.
3. Mettre la salade dans le saladier. Parsemer de cerneaux de noix. Mélanger au moment de servir.

Temps de préparation : 10 mn

Vin blanc

Salade Capri

Proportions
(pour 4 personnes)

4 tomates
2 boules de mozarella fraîche
12 feuilles de basilic
5 cuillères à soupe d'huile d'olive
1 cuillère à soupe de vinaigre de vin
sel, poivre

1. Laver les tomates, bien les essuyer. Les couper en rondelles.
2. Égoutter la mozarella, la couper en rondelles, puis en cubes.
3. Laver et bien essuyer le basilic, ciseler les feuilles.
4. Dans un saladier, mettre le sel, le vinaigre, le poivre, puis l'huile. Bien émulsionner, puis rajouter les tomates, la mozarella et enfin le basilic. Mélanger soigneusement avant de servir.

* À défaut de mozarella (que l'on trouve de plus en plus chez les fromagers), on peut utiliser des petits chèvres frais.

Temps de préparation : 10 ou 15 mn en tout
Temps de cuisson : 2 mn 30 s ou 5 mn

Vin blanc sec

Salade au chèvre frais

Proportions
(pour 2 personnes)

2 gros ou 4 petits crottins
1/2 salade frisée

Vinaigrette
5 cuillères à soupe d'huile d'arachide
2 cuillères à soupe de vinaigre de vin
1 cuillère à café de moutarde blanche
sel, poivre

1re méthode
2 grandes tranches de pain de campagne

2e méthode
1 assiette à soupe de lait froid
1 assiette à soupe de chapelure
1 œuf de beurre
lardons (facultatif)

1re méthode (avec chèvre très frais)

1. Éplucher la salade frisée, la nettoyer soigneusement, la laver et bien l'essorer. La répartir sur deux assiettes.
2. Allumer le gril du four. Mettre à cuire pendant 5 minutes les crottins posés sur les tranches de pain de campagne. Dès qu'ils ont commencé à fondre, les retirer et les poser sur la salade.
3. Pendant la cuisson des crottins, préparer la vinaigrette. La verser sur la salade, puis servir dès que les chèvres sont cuits.

✻ Cette « méthode » se sert après le plat principal, combinant ainsi salade et fromage.

2e méthode

1. Pour la salade et la vinaigrette, procéder comme dans la 1re méthode.
2. Rouler les crottins dans le lait froid. Les passer ensuite dans la chapelure.
3. Faire fondre l'œuf de beurre dans une poêle, mettre les crottins et les laisser cuire à feux doux une minute sur chaque face. À l'aide de deux spatules en bois, les tourner sur le côté pour qu'ils soient uniformément dorés.
4. Dresser sur les assiettes salade et fromages. Arroser de vinaigrette. Servir aussitôt.

✻ Cette 2e méthode se sert plutôt en entrée, avec des lardons poêlés et leur jus de cuisson déglacé au vinaigre et versé sur la salade déjà assaisonnée. Cette salade peut constituer le plat principal du repas.

Temps de préparation : 40 mn
Temps de cuisson : 45 mn

Vin blanc sec

Salade aux deux fromages

Proportions
(pour 6 personnes)

2 pommes de terre BF 15
2 carottes
2 courgettes
1 petit chou-fleur
150 g d'épinards
70 g de comté (coupés en dés)
70 g d'emmental (coupés en dés)
1 bol de mayonnaise
(Recettes de base, *p. 93*)
6 feuilles de basilic

voir photo p. 102

1. Peler les pommes de terre, les laver. Les mettre à cuire 25 minutes environ dans une grande casserole d'eau salée.
2. Pendant ce temps, éplucher les carottes, les couper en petits cubes.
3. Couper les extrémités des courgettes, les laver sans les peler, les détailler en petits cubes.
4. Retirer les feuilles du chou-fleur, le laver, le séparer en petits bouquets.
5. Équeuter les épinards, les laver soigneusement, les égoutter, les couper en lanières.
6. Faire bouillir 2 casseroles d'eau salée. Dans la première, faire cuire 10 minutes ensemble carottes et courgettes. Dans la seconde, faire cuire le chou-fleur 10 minutes également.
7. Égoutter les pommes de terre, les couper en rondelles.
8. Égoutter carottes, courgettes et chou-fleur. Verser tous les légumes dans un saladier, sans oublier les lanières d'épinards. Ajouter les dés de fromage.
9. Faire la mayonnaise, l'incorporer à la salade. Parsemer des feuilles de basilic lavées et ciselées. Bien mélanger. Servir aussitôt.

Temps
de préparation :
20 mn
+ macération : 15 mn

Sancerre

Endives, jambon, fromage et noix

Proportions
(pour 4 personnes)

4 endives
150 g de jambon cru
125 g de gruyère
75 g de cerneaux de noix
6 brins de persil plat
12 brins de cerfeuil
1 cuillère à soupe de câpres
2 petits oignons
2 œufs durs
2 cuillères à soupe de vinaigre
6 cuillères à soupe d'huile
2 cuillères à café de moutarde
sel, poivre

1. Éplucher les endives, ôter le petit cône amer à leur base, les laver, les essuyer, les couper en fines lamelles.
2. Couper le jambon et le fromage en petits dés.
3. Laver, essuyer et ciseler le persil et le cerfeuil.
4. Hacher les câpres.
5. Peler l'oignon, le hacher finement.
6. Écaler les œufs durs, les écraser soigneusement.
7. Dans un bol, mélanger sel, vinaigre, moutarde, poivre et huile, puis incorporer les œufs durs, les câpres, les oignons et les fines herbes. Bien mélanger.
8. Dans un saladier, verser tous les ingrédients et bien remuer. Laisser reposer 15 minutes avant de servir.

Temps
de préparation :
20 mn en tout
Temps de cuisson :
1 h en tout

Chinon

Gelée de bœuf au fromage de chèvre frais

Proportions
(pour 10 personnes)

bouillon de bœuf
(Recettes de base, *p. 77*)

Clarification
200 g de viande hachée
100 g de poireaux
30 g de céleri en branches
1 grosse tomate
15 cl de blancs d'œufs
5 cl d'eau
sel, poivre

Garniture
50 g de cerneaux de noix
4 cuillères à soupe d'huile de noix
1 bûche de sainte-maure fraîche coupée en 10 tranches
500 g de pommes de terre grenaille
2 tomates bien rouges émondées et coupées en cube
50 g d'oseille bien propre et légèrement salée
huile d'olive

voir photo p. 98

La veille

1. Préparer la gelée : laver et hacher tous les légumes. Battre les blancs des œufs pour les casser (une minute, pas plus).
2. Mélanger dans un grand récipient tous les éléments de la clarification. Porter à ébullition le bouillon dans une casserole, verser dessus la clarification en remuant vivement avec un fouet.
3. Dès que le liquide recommence à bouillir, le blanc se coagule et il se forme une masse en surface. À l'aide d'une cuillère, faire un trou au centre. Avec une petite louche, prendre du liquide dans cette cavité et arroser la clarification.
4. Baisser le feu et laisser frémir pendant 30 minutes. Toutes les impuretés remontent en surface.
5. À l'aide d'une louche, retirer avec attention la gelée par le centre. On la passera à la passette, dans laquelle il y aura un filtre à café. Vérifier l'assaisonnement en sel (ne pas poivrer). Réserver au frais.

Le jour même

6. Cuire un peu ferme les pommes de terre en robe des champs (20 minutes). Une fois tièdes, les éplucher et les couper en rondelles. Les assaisonner de l'échalote, des noix et de l'huile de noix, d'une pincée de sel et de poivre du moulin.
7. Dans chaque assiette creuse, poser la salade de pommes de terre, un bouquet d'oseille, une cuillère à soupe de tomate, la tranche de sainte-maure.
8. Poser délicatement à la louche la gelée de bœuf. Arroser d'un trait d'huile d'olive.

✱ Servir avec des tranches de pain de campagne grillées. P.G.

Salade aux deux fromages, p. 101.

Temps
de préparation :
20 mn
Temps de cuisson :
2 mn

Saumur-champigny

Proportions
(pour 2 personnes)

10 anchois frais (lever les filets)
70 g de fromage blanc frais
1 cuillère à soupe de crème fouettée
1 tranche de fromage de chèvre très frais coupée en petits dominos
beurre clarifié (1 cuillère à soupe)
jus d'un demi-citron
1 échalote ciselée
1/2 gousse d'ail écrasée
1/2 cuillère à soupe de vinaigre de Xérès
1 cuillère à soupe de fines herbes hachées (estragon, ciboulette, cerfeuil, persil)
paprika

Salade d'anchois frais au sarrasson

1. Étaler sur le plan de travail les filets d'anchois. Saler et poivrer. Les badigeonner de beurre clarifié au citron et les accoler deux par deux.
2. Déposer ces doubles filets dans une barquette d'aluminium beurrée. Les passer au frais.
3. Le sarrasson : dans un récipient, mélanger fromage blanc frais, crème fouettée, échalote, fines herbes, vinaigre, ail, sel, poivre et paprika. On obtient un appareil moelleux et un peu aigre.
4. Passer au four très chaud (200 °C) les anchois pendant 2 minutes.
5. Sur chaque assiette chaude, poser cinq anchois, mettre un cordon de sarrasson. Sur celui-ci, déposer les petits dominos de fromage de chèvre. Servir à part le reste de sarrasson.

P.G.

Un peu de savoir-vivre...

Autant le savoir tout de suite : comment manger convenablement sa salade est un vrai problème auquel il n'est pas de solution absolue. D'abord, on espère que la maîtresse de maison l'aura convenablement coupée, sans laisser ces grandes feuilles larges comme l'assiette. Le couteau étant interdit, si l'on se trouve dans un tel cas de figure, on prend un air dégagé et on s'aide de son morceau de pain pour pousser et plier ladite feuille jusqu'à en faire une bouchée, prestement avalée. Si la verdure se montre rebelle, on appuie du tranchant de la fourchette, le plus discrètement possible et avec le même air dégagé, de façon à couper la feuille en morceaux faciles à avaler.

On l'aura compris, le couteau ne sert en aucun cas à couper : tout juste peut-il remplacer le pain en faisant office de poussoir. Enfin, une habitude semble en train de conquérir les tables (plus amicales que solennelles, il est vrai), celle de servir en même temps salade et fromages ; ce qui simplifie beaucoup les problèmes de vaisselle à utiliser et bouscule ces règles de savoir-vivre pas toujours évidentes à suivre.

Salade de riz, p. 96.

Salades de fruits

Salade de fruits au sorbet à la mangue, p. 114.

Les salades de fruits

C'est vrai qu'elles sont jolies, jolies à regarder... avec leurs couleurs alternées se mélangeant gaiement dans une belle jatte de verre ou de cristal.

Leur principal avantage est de pouvoir improviser un dessert pour les amis survenus à l'improviste, alors qu'on n'a pas sous la main de quoi faire un gâteau. Elles sont très légères et terminent en douceur des repas trop copieux.

Pour leur assaisonnement, c'est affaire de goût : sucre vanillé ou non, cannelle, girofle, alcool, boules de glaces... Des combinaisons aussi nombreuses que variées.

Temps de préparation :. selon les fruits, de 15 à 25 mn

Eau

Caprice exotique

Proportions
(pour 4 personnes)

Selon le marché
mangues
bananes
petit ananas
kiwis
kakis
papayes
grosses oranges ou sanguines
quelques petites feuilles de menthe

Coulis de fruits de la Passion
1 kg de fruits de la Passion
1 citron
2 cuillères à potage de sucre semoule

1. Selon le goût et les possibilités du marché, choisir un assortiment de beaux fruits exotiques, mûrs à point pour être consommés tout de suite.
2. Préparer tous les fruits en les épluchant ou les parant bien pour éliminer toutes les parties non comestibles : noyaux, écorces ou peaux principalement.
3. Débiter chaque fruit, pour pouvoir le reconstituer dans une forme agréable au moment du dressage.
4. Réserver au réfrigérateur dans des légumiers pendant 2 heures au minimum. Prélever l'intérieur des fruits de la Passion et le passer au chinois pour obtenir tout le jus. Sucrer et citronner légèrement.
5. Au moment du dessert, disposer le plus artistiquement possible un assortiment de fruits exotiques sur chaque assiette individuelle ou coupelle. L'arroser avec le jus de fruits de la Passion.
6. Servir très frais avec quelques feuilles de menthe en parure. G.B.

Temps de préparation : 30 mn

Sauternes

Cocktail de melon aux fraises

Proportions
(pour 2 personnes)

2 petits melons de 400 g ou 1 de 800 g
200 g de fraises
2 cuillères à soupe de sucre fin
5 cuillères à soupe de sauternes ou de barsac, de préférence celui qui est servi
feuilles de menthe

voir photo p. 35

1. Couper les melons en deux. Retirer les graines avec une cuillère à pomme parisienne ou une petite cuillère à bord assez tranchant, détailler la chair du melon en petites boules régulières et les mettre dans un saladier. Récupérer le reste de chair avec une cuillère à soupe et la partager entre deux petits bols.
2. Laver et équeuter les fraises. Les mettre dans un saladier avec les boules de melon.
3. Verser dessus le sauternes ou le barsac, ainsi que deux cuillères à soupe de sucre fin. Mélanger, puis partager dans les deux bols.
4. Finir en décorant de feuilles de menthe. R.V.

Temps de préparation : 10 mn + macération : 30 mn

Kirsch glacé

Coupes aux fraises

Proportions
(pour 4 personnes)

500 g de fraises
3 oranges sanguines
4 tranches d'ananas
2 cuillères à soupe de sucre
1 petit verre de kirsch
1 cuillère à soupe de jus de citron
4 boules de glace vanille ou de sorbet citron

voir photo p. 116

1. Laver rapidement les fraises, les égoutter, les équeuter, les couper en deux si elles sont grosses.
2. Peler 2 oranges à vif. Défaire les quartiers, ôter les pépins et les couper en dés.
3. Couper les tranches d'ananas en cubes. Mettre tous ces fruits dans une terrine, les arroser avec le jus de citron.
4. Couper la dernière orange en deux, la presser.
5. Saupoudrer les fruits de sucre, les arroser avec le jus d'orange et le kirsch. Mélanger délicatement et laisser macérer pendant 30 minutes au réfrigérateur.
6. Au moment de servir, répartir les fruits et leur jus dans quatre coupes individuelles. Placer une boule de glace au centre de chaque coupe et servir.

Temps de préparation : 10 mn + réfrigérateur : 1 h

Rhum agricole glacé

Coupes de mangues au sorbet

Proportions
(pour 4 personnes)

2 mangues de 300 g chacune, mûres à point
50 cl de sorbet au choix : mangue, citron vert, framboise
10 cl de rhum blanc
1 cuillère à soupe de sucre
4 cerises au sirop

1. Couper les mangues en deux, les peler et les dénoyauter. Les couper en cubes de 3 centimètres de côté.
2. Mettre les cubes de mangue dans une terrine, ajouter le sucre et le rhum, bien mélanger et laisser reposer 1 heure au réfrigérateur, en remuant de temps en temps.
3. Au moment de servir, répartir les mangues dans quatre coupes, y ajouter le sorbet façonné en boules (en s'aidant éventuellement de deux cuillères à soupe si on n'a pas l'instrument adéquat). Décorer avec les cerises au sirop et servir aussitôt.

Temps de préparation : 15 mn

Eau

Fruits exotiques à la liqueur de café

Proportions
(pour 6 personnes)

3 grosses bananes
1 ananas frais
8 petits kiwis
100 g de cerises
2 cuillères à soupe rases de sucre en poudre
10 cl de liqueur de café

1. Éplucher les bananes, les couper en quatre, puis recouper chaque morceau dans le sens de la longueur.
2. Éplucher l'ananas, le couper en tranches, puis recouper celles-ci en tronçons dans le sens de la largeur.
3. Ôter la peau des kiwis, les couper en quatre dans la longueur.
4. Équeuter et dénoyauter les cerises.
5. Dans un saladier, verser la liqueur de café et y délayer le sucre en poudre. Ajouter les fruits, bien mélanger. Mettre au réfrigérateur 30 minutes avant de servir.

✱ On peut décorer cette salade avec de vrais grains de café ou des imitations en chocolat.

Temps de préparation : 15 mn + macération : 30 mn

Eau

Fruits porto-flip

Proportions
(pour 4 personnes)

2 grosses oranges
2 pommes
2 poires
2 cuillères à soupe de sucre en poudre
10 cl de porto
25 cl de glace à la vanille
15 cl de crème fraîche
2 pincées de cannelle en poudre

1. Peler les oranges à vif. Les couper en quartiers.
2. Éplucher les pommes et les poires. Les couper en quatre, ôter les pépins, détailler en lamelles.
3. Mettre tous les fruits dans un saladier, arroser de porto et saupoudrer de sucre. Laisser macérer 30 minutes environ.
4. Au bout de ce temps, ajouter la crème fraîche et la cannelle, bien mélanger.
5. Dans un grand plat creux, disposer la glace à la vanille au centre et les fruits tout autour. Servir aussitôt.

Temps de préparation : 20 mn

Pineau des Charentes

Melon glacé en surprise

Proportions
(pour 4 personnes)

4 melons de 400 g environ chacun
1 barquette de belles fraises (200 g)
1 barquette de framboises (125 g)
8 feuilles de menthe fraîche
sucre glace

1. D'abord, découper, en forme de pétale, le sommet de chacun des melons ; tenter, pour l'esthétique, de retrouver dans la découpe la forme d'une marguerite ; ôter avec soin la totalité des graines de chacun des melons ; faire ensuite des billes avec la chair des melons. Il faut pour cela utiliser, c'est indispensable, un appareil dit à « pommes parisiennes ». Rassembler ensuite la totalité des billes ainsi obtenues dans un grand saladier.
2. Laver, égoutter et équeuter les fraises. Attention, bien respecter cet ordre : car laver des fraises déjà équeutées, c'est se priver de la moitié de leur parfum !
3. Garnir ensuite chaque melon de couches successives de fraises et de framboises et des billes de melon. Les décorer avec les feuilles de menthe puis remettre le couvercle, préalablement givré avec du sucre glace.
4. Placer le tout au réfrigérateur.

Remarque
Cette méthode permet de mélanger les chairs des melons dans le cas, malheureusement toujours probable, où elles ne seraient pas d'une égale saveur.
On peut, également, réussir la même préparation avec des raisins secs ou des raisins frais.

J.B.

Fruits porto-flip.

Proportions
(pour 6 personnes)

1 orange
2 mandarines
1 pamplemousse rose
1 pamplemousse blanc
1 pamplemousse rouge
1 citron
1 citron vert
6 kumquats (mandarine chinoise naine)

Sirop
250 g de sucre en poudre
1 pincée de gingembre
10 cl de liqueur de verveine

Temps de préparation : 20 mn

Eau

Palette des agrumes

1. Peler tous les agrumes à cru, c'est-à-dire en ôtant non seulement l'écorce, mais aussi la peau blanche qui se trouve dessous. Les débiter en quartiers.
2. Récupérer tous les jus qui résultent de ces opérations.
3. Filtrer les jus d'agrumes. Ajouter le sucre, la liqueur de verveine et le gingembre. Donner un tour de bouillon pour fondre le sucre.
4. Dresser les agrumes sur un plat, en panachant le plus joliment possible les couleurs. Verser le sirop et laisser macérer quelques heures au froid.

P.D.

Temps de préparation : 20 mn

Eau

Salade d'agrumes

Proportions
(pour 2 personnes)

1 citron non traité
1 pamplemousse rose, 1 orange
1 petit oignon doux
6 feuilles de menthe fraîche
2 cuillères à soupe d'huile d'olive très fruitée, sel

voir photo p. 39

1. Laver le citron, l'essuyer, le couper en rondelles d'un demi-centimètre d'épaisseur, puis recouper ces rondelles en quatre.
2. Peler l'orange à vif, la couper en rondelles d'un demi-centimètre.
3. Peler le pamplemousse, le séparer en quartiers et ôter les peaux blanches.
4. Peler l'oignon, le couper en très fines rondelles.
5. Disposer agrumes et oignon dans de jolies coupes individuelles, saupoudrer de sel fin et arroser d'huile d'olive.
6. Laver les feuilles de menthe, les ciseler et en parsemer la salade d'agrumes. Servir, mélanger à table.

✵ Une salade de fruits à servir, une fois n'est pas coutume, en entrée...

Temps de préparation : 15 à 25 mn

Eau

Proportions
(pour 6 personnes)

Salade d'hiver
2 pommes moyennes
2 poires moyennes
2 bananes, 2 oranges
3 cuillères à soupe bombées de sucre semoule
1/2 verre d'eau
1 cuillère à soupe de kirsch

Salade d'été
4 abricots, 3 pêches, 2 poires
100 g de cerises dénoyautées
12 amandes fraîches pelées et ouvertes en deux
3 cuillères à soupe bombées de sucre semoule
1/2 verre d'eau
1 cuillère à soupe de kirsch

Salade de fruits d'hiver et d'été

1. Si nécessaire, éplucher les fruits, les couper en petits dés (en rondelles pour les bananes et les oranges), mettre ceux-ci dans un saladier.
2. Arroser avec un peu d'eau, l'alcool de son choix (kirsch de préférence) et saupoudrer de sucre. Bien mélanger, mettre au frais.

Remarque
Les salades de fruits crus varient selon les saisons. Celles-ci sont des suggestions, toutes les combinaisons de fruits de saison étant possibles. Elles sont meilleures lorsqu'elles ont macéré un peu. Il est donc recommandé de les faire une bonne heure à l'avance et de les tenir au frais.

M.J.

Temps
de préparation :
la veille : 15 mn
25 mn en tout

Eau

Salade de fruits de la Passion

Proportions
(pour 4 personnes)
1/2 ananas
2 bananes
8 pruneaux dénoyautés
2 fruits de la Passion
Sirop
25 cl d'eau
2 cl de kirsch
60 g de sucre
1 petite branche de thym

La veille
1. Dans une casserole, mettre tous les éléments du sirop et porter à ébullition à feu vif.
2. Hors du feu, ajouter les pruneaux dénoyautés, laisser tiédir. Réserver au réfrigérateur dans un récipient hermétique.

Le jour même
3. Éplucher le demi-ananas, le couper en deux dans le sens de la hauteur, enlever la partie centrale et dure se trouvant au centre du fruit. Puis couper la chair en fines lamelles de 3 millimètres. Réserver.
4. Passer le sirop en réservant les pruneaux ; y ajouter le jus et les pépins des fruits de la Passion.
5. Éplucher et tailler les bananes en 4 tranches dans le sens de la longueur, les mettre à macérer avec l'ananas dans le sirop parfumé durant environ 20 minutes.
6. Disposer les lamelles d'ananas en éventail sur le côté de chaque assiette, les tranches de bananes se chevauchant, de l'autre, les pruneaux au centre. Napper du sirop et des pépins des fruits de la Passion. Veiller à ne pas servir trop froid. M.M.

Temps
de préparation :
15 mn

Champagne

Salade de fruits rouges aux amandes

Proportions
(pour 2 personnes)
100 g de cerises
100 g de fraises
100 g de framboises
100 g de groseilles
12 à 15 amandes fraîches ou sèches
25 cl de vin blanc fruité
4 cuillères à soupe de sucre en poudre
petits fours secs

1. Dénoyauter les cerises, équeuter les fraises, égrener les groseilles si on en a trouvé.
2. Ouvrir les amandes, enlever la petite peau.
3. Mélanger tous les fruits dans un saladier, saupoudrer de sucre, ajouter le vin, tourner le tout et mettre au frais.
4. Au dernier moment, transvaser dans une jatte de service et accompagner de petits fours secs de son choix : palmiers, macarons, sablés, etc. M.J.

Remarque :
Elle se fait 1 heure à l'avance et reste à macérer au frais dans le bas du réfrigérateur. Cette recette n'est réalisable qu'en juin ou juillet.

Temps de préparation : 15 mn
réfrigérateur : 2 h

Eau

Salade de fruits au sorbet à la mangue

Proportions
(pour 6 personnes)

1 mangue
200 g de muscat noir
3 kiwis
2 pêches jaunes
50 cl de sorbet à la mangue
2 pincées de vanille
1 citron vert
éventuellement sucre

voir photo p. 106

1. Éplucher la mangue, la dénoyauter, la couper en dés.
2. Laver et éplucher le raisin.
3. Éplucher les pêches, les couper en dés.
4. Presser le citron vert.
5. Mettre tous ces éléments dans une terrine, les saupoudrer de vanille et les arroser du jus de citron. Mélanger délicatement et laisser macérer au frais, pendant 2 heures.
6. Pour servir, démouler le sorbet au centre d'une grande coupe de verre. Disposer les fruits autour et porter à table.

✱ Si les fruits ne sont pas assez mûrs, on peut leur ajouter du sucre en poudre avant macération.

Temps de préparation : 40 mn

Eau

Salade de mangues aux bananes à la noix de coco

Proportions
(pour 6 personnes)

6 mangues
6 bananes
1 sachet de noix de coco râpée (se trouve dans le commerce)
125 g de sucre en poudre
2 citrons
1/2 verre de bourbon

1. Choisir des belles mangues à point. Retirer la peau et les couper en lamelles sur leur longueur, de part et d'autre du long noyau plat. Faire cela au-dessus d'un saladier, pour ne rien perdre du jus. Y poser les lamelles de fruits.
2. Éplucher les bananes, retirer les extrémités et les petites fibres, les couper en rondelles d'un demi-centimètre en les aspergeant de citron pour éviter qu'elles ne noircissent.
3. Prendre une belle jatte de service un peu large. Étaler une couche de lamelles de mangue, saupoudrer de sucre en poudre, puis de noix de coco. Arroser de bourbon, couvrir avec une couche de rondelles de banane, les saupoudrer de sucre, puis de noix de coco râpée, arroser avec le bourbon et continuer ainsi de suite jusqu'à épuisement des fruits, en terminant par les bananes saupoudrées de sucre, arrosées de jus de mangue recueilli, et d'un peu de jus de citron.
4. Laisser macérer quelques heures au frais et saupoudrer le dessert d'une légère couche de noix de coco, avant de servir accompagné de petits fours secs de son choix.

M.J.

Temps
de préparation :
15 mn
Temps de cuisson :
25 mn en tout

Salade de pêches à l'ortie verte, crème de praline rose

Proportions
(pour 4 à 6 personnes)
6 grosses pêches blanches
50 cl d'eau
150 g de sucre
10 g d'ortie verte séchée
3 feuilles de menthe ciselée
1 sachet de thé
eau-de-vie blanche
1 jus de citron

La crème
100 g de pralines roses
200 g de crème
curaçao

1. Faire la crème : mélanger les pralines concassées ; faire réduire à feu doux avec la crème.
Écumer et cuire jusqu'à obtention d'une crème bien épaisse.
Ajouter un trait de curaçao.
2. Couper en larges lamelles les pêches. Les mettre à macérer avec 50 grammes de sucre, le jus de citron et quelques gouttes d'alcool (framboise ou poire).
3. Préparer un sirop avec l'eau, 100 grammes de sucre, les herbes et l'infusion. Laisser cuire 5 minutes ; filtrer et mettre au frais sur les pêches.
4. Servir 2 heures plus tard en dressant pêches et sirop dans une coupe. Napper les pêches d'une cuillère de crème.

P.G.

Temps
de préparation :
15 mn
+ macération : 3 h

Eau

Trois prunes en salade au citron

Proportions
(pour 4 personnes)
500 g de quetsches
500 g de reines-claudes
500 g de mirabelles
200 g de sucre semoule
2 citrons
eau-de-vie de prune (facultatif)

1. Choisir un assortiment de belles prunes de saison, saines et mûres à point. Les laver, les sécher dans un linge, puis les ouvrir au moyen d'un couteau d'office pour éliminer tous les noyaux.
2. Déposer les demi-prunes ou quartiers dans des bols différents, en fonction de leur variété (quetsches, reines-claudes ou mirabelles, lesquelles me semblent les plus intéressantes).
3. Saupoudrer de sucre et de jus de citron. Laisser macérer au moins 3 heures au réfrigérateur avec un peu d'eau-de-vie.
4. Dresser dans un grand compotier toutes les prunes, mélangées comme une vraie salade composée, ou les disposer séparément et plus artistiquement dans des assiettes ou coupes individuelles. Arroser avec le sirop de citron parfumé. Servir aussitôt très frais, avec une brioche parisienne, par exemple.

G.B.

Temps
de préparation :
10 mn

Eau

Vodka-orange

Proportions
(pour 4 personnes)
5 grosses oranges
10 cl de vodka + 1 petit verre
2 cuillères à soupe d'amandes effilées
3 cuillères à soupe de raisins secs
1 cuillère à soupe de sucre

1. Éplucher les oranges à vif, les couper en rondelles.
2. Dans une jolie coupe de cristal, verser la vodka, dans laquelle on aura délayé le sucre. Disposer une couche de rondelles d'orange, quelques raisins et amandes effilées. Recommencer jusqu'à épuisement des ingrédients. Servir frais, en arrosant d'un petit verre de vodka glacée au dernier moment.

Index des recettes

Coupes aux fraises, p. 109.

Sources des illustrations

Photographies :
Couverture (p. 27) et p. 98 : Daniel Chenot et J.-M. Courant.
Pages de garde et pages 35, 40, 70 : Didier Blanchat.
Page 4 : Bertram.
Pages 47, 90 : Margaret Skinner et Georges Veron.
Pages 51, 65 : Laurent Bianqui.
Pages 55, 95 : Daniel Czap.
Page 58 : Corinne Ryman et Pierre Cabannes.
Page 82 : Michael Yavel.

Les photos des pages 10, 15, 19, 22, 31, 39, 62, 75, 79, 87, 102, 105, 106, 111, 116, sont extraites des *Carnets de Cuisine,* Éd. de Vergeures :
Carnets n° 4 p. 7, 11, 31, 71, 4e couv : R. et G. Marcialis
Carnets n° 13 p. 27, 31 : C. Mariorossi et R. Marcialis
Carnets n° 24 p. 47 : T. Gilou
Carnets n° 20 p. 15 /n° 25 p. 23 / n° 34 p. 31 / n° 37 p. 2, 23 / n° 40 p. 7 / n° 41 p. 79 : R. Marcialis

Vignettes : Photothèque Éditions Robert Laffont.

Sources des textes

Les recettes signées des initiales de leurs auteurs sont reproduites d'après les ouvrages suivants publiés par les Éditions Robert Laffont :

J.B. : Jean Bardet, *Recettes pour Sophie,* pages 36, 49, 110.
G.B. : Georges Blanc, *La Nature dans l'assiette,* pages 16, 17, 67, 108, 115.
Georges Blanc, *Ma cuisine des saisons,* pages 66, 69.
A.C. : Alain Chapel, *La Cuisine, c'est beaucoup plus que des recettes,* page 91.
P.D. : Patrice Dard, *La Cuisine de plein air,* pages 26, 43, 93, 112.
J.D./C.V. : Jacques Le Divellec et Céline Vence, *La Cuisine de la mer,* page 67.
P.G. : Pierre Gagnaire, *La Cuisine immédiate,* pages 25, 103, 104, 115.
F.G. : Fredy Girardet et Catherine Michel, *La Cuisine spontanée,* page 80.
M.G. : Michel Guérard, *La Cuisine gourmande,* pages 30, 33, 48, 83, 84, 85.
Michel Guérard, *La Grande Cuisine minceur,* pages 36, 52, 60, 63, 77.
M.J. : Martine Jolly, *Recevoir c'est un plaisir,* pages 37, 76, 113, 114.
Martine Jolly, *Réussir votre cuisine,* pages 14, 16, 18, 20, 32, 34, 73, 93, 97, 112.
M. et J.-M.L. : Michel et Jean-Michel Lorain, *La Cuisine une passion de père en fils,* pages 44, 86.
J.M. : Jacques Maximin, *Couleurs, parfums et saveurs de ma cuisine,* pages 57, 60, 64, 89.
M.M : Marc Meneau, *La Cuisine en fêtes,* pages 23, 113.
R.M. : Rose Montigny, *Cuisine sans souci,* pages 20, 33, 48, 74.
J.R. : Joël Robuchon, *Ma cuisine pour vous,* pages 43, 46, 59, 74.
A.S. : Alain Senderens, *La Grande Cuisine à petits prix,* pages 38, 49, 53, 54, 56, 78.
E.S. : Eventhia Senderens, *Recettes originales pour tout-petits,* page 36.
J. et P.T. : Jean et Pierre Troisgros, *Cuisiniers à Roanne,* pages 81, 88.
P. et M.T : Pierre et Michel Troisgros, *Les Petits Plats des Troisgros,* pages 53, 68, 73, 74.
R.V. : Roger Vergé, *Ma cuisine du soleil,* pages 30, 34, 59, 77, 94, 108.
P.W. : Pierre Wynants, *« Comme chez soi »,* pages 24, 48, 83.
R.G./M.J. : Relais Gourmands (Relais et Châteaux), avec la collaboration de Martine Jolly, *Les Recettes des Relais Gourmands,* pages 54, 63, 96.
C.T./C.V. : Les Maîtres Cuisiniers de France, avec la collaboration de Céline Vence, *Recettes du terroir,* pages 25, 37, 91, 92, 97.
J.-M.A. : Jean-Marie Amat, *Le Grand Livre de la truffe,* page 91.
J.P./M.T. : Jacques Pic, Michel Trama, *Menus de fête des grands chefs,* pages 50, 64.